ESTADO? NÃO, OBRIGADO!

O manual Libertário, ou o ABC do antiestatismo.

Marcello Mazzilli

ESTADO? NÃO, OBRIGADO!

O manual Libertário, ou o ABC do antiestatismo.

1ª Edição

MISESBRASIL

Título:
ESTADO? NÃO, OBRIGADO

Autor:
Marcello Mazzilli

Esta obra foi editada por:
Instituto Ludwig von Mises Brasil
Rua Iguatemi, 448, conj. 405 – Itaim Bibi
São Paulo – SP
Tel: (11) 3704-3782
Impresso no Brasil / Printed in Brazil

ISBN: 978-85-62816-13-0
1ª Edição

Traduzido por Roberto Fiori Chiocca

Projeto Gráfico e Capa:
André Martins

Revisão:
Fernando Fiori Chiocca

Ficha Catalográfica elaborada pelo bibliotecário
Sandro Brito – CRB8 – 7577
Revisor: Pedro Anizio

M477e Mazzilli, Marcello.
Estado? Não Obrigado / Marcello Mazzilli. -- São Paulo : Instituto Ludwig von Mises Brasil, 2010.
150p.

Tradução de: Roberto Fiori Chiocca

1. Sociedade livre 2. Coerção 3. Estado 4. Política 5. Filosofia I. Título.

CDU – 100

Sumário

Prefácio

Muitas vezes nos apegamos naquilo que acreditamos saber sem se esforçar para ver as coisas de um ponto de vista diferente. Esta é a sensação que tive quando, faz algum tempo, entrei em contato com as ideias libertárias. Ideias como democracia, estado, povo me pareciam tão obvias que nunca havia parado para pensar o quanto são na realidade artificiais.

Este livro foi concebido para transmitir a minha experiência ao leitor e apresentar ideias que todos deveriam conhecer antes de decidir a quem confiar as decisões sobre suas vidas, antes de votar... e se votar! O volume que tem em mãos foi escrito sem nenhuma intenção acadêmica e trata de uma diversidade de temas apenas mencionados ou abordados superficialmente. Esta é uma escolha proposital devido ao objetivo deste livro ser o de atingir os leitores ocasionais, que até agora, eram apenas superficialmente interessados em política e temas sociais.

Se, como eu, você é um apaixonado pelos temas sociais, políticos e econômicos do ponto de vista libertário, encontrará inúmeros artigos e livros, que afrontam em detalhe e de modo exaustivo cada tema especifico, nas publicações do Mises Institute, do Instituto Mises Brasil e (em italiano) das editoras Liberi Libri, Rubbettino e Leonardo Facco, todos que nos últimos anos fizeram muito para levar adiante estas ideias.

Penso também que este livro possa ser útil a quem já é um libertário e muitas vezes se encontra na situação de promover a nossa filosofia para um amigo, colega ou parente, mas, não conseguia encontrar um volume que aborde todos os temas que têm apaixonado os pensadores libertários.

Marcello Mazzilli

"O estado representa a violência de forma concentrada e organizada. O indivíduo tem uma alma, mas, o estado, sendo uma maquina sem alma, não poderá jamais renunciar a violência a qual se deve a sua existência".

– Gandhi

Introdução

1
O Que é a Filosofia?

Um filósofo é um amante do saber. Se diz filosofo aquele que ama perguntar sobre as coisas que o rodeiam, que procura compreender o mundo ao seu redor, aquele que trata de ir além das aparências e busca a essência das coisas. Quando fazemos isso, podemos dizer que somos filósofos. Na Grécia antiga a filosofia compreendia todas as áreas do que hoje chamamos de ciência: matemática, astronomia, biologia, física etc... Aos poucos, cada uma destas ciências pode conquistar sua autonomia, e hoje podemos afirmar, simplificadamente, que a filosofia não procura mais se ocupar do como ou do quando, mas, dedica a sua atenção ao porquê. Hoje a filosofia pretende ir além do funcionamento do mundo que nos rodeia, concentrando-se na essência das coisas, na essência do homem.

O homem é, de fato, o único animal capaz de refletir sobre si mesmo. É o único animal capaz de não só investigar o mundo à sua volta (até um gato explora o seu território), mas de explorar a si próprio. Porque vivemos? Porque morremos?Quais ações são certas, e quais são erradas? Qual é o sentido da vida? Essas são algumas perguntas que a filosofia se destina a responder. São as mesmas perguntas que muitas religiões tentam responder, mas, a filosofia se diferencia da religião, principalmente, por não ter uma verdade ditada por deus para provar, confirmar, difundir e praticar. Pelo contrario, a filosofia põe em marcha um processo, um percurso, de procura pela verdade sobre as coisas que não é destinado a uma demonstração definitiva.

2
O Que é Uma Filosofia Política?

Dependendo das questões especificas que vai tentar responder, o pensamento filosófico assume diferentes denominações. Chamamos de ontologia quando a investigação é sobre o mundo que nos rodeia; de metafísica chamamos quando se tenta responder sobre a essência do divino, de lógica quando a filosofia investiga a razão em si, e assim vai. Quando a filosofia investiga a relação do homem com os seus semelhantes, ou seja, quando a filosofia investiga a política, chamamos de filosofia política.

Imaginemos um homem que tenha nascido e se criado numa ilha deserta. Ele poderia se colocar a pensar em muitas questões do tipo ontológico e metafísico. Poderia perguntar-se porque ele existe, o que haverá depois do mar que ele vê a sua frente, porque um deus irascível lhe ataca um raio numa noite de tempestade. Ele pode tentar dar respostas, e , por exemplo, tentar classificar o seu comportamento em termos de mau ou bom, de certo ou errado.

Mas é improvável que ele se coloque a pensar em questões de filosofia política. Dificilmente ele imaginará um conflito com um semelhante, uma luta pela posse de um bem, uma discussão sobre aspirações pessoais etc... Para poder pensar em filosofia política o nosso amigo da ilha com certeza precisa de outro indivíduo, com o qual discutirá e se chocará. A filosofia política nasce com a sociedade. Mais exatamente, nasce para refletir sobre os modelos de sociedade possíveis ou desejáveis.

É só com o nascimento da sociedade, ou seja, a coexistência entre mais indivíduos e, portanto, com o surgimento de conflitos, que a busca pela distinção entre o bem e o mal se torna uma busca universal e perde, ou coloca de lado, as características de busca interior.

3
Como se Resolvem os Conflitos?

"Renunciar a própria individualidade equivale a aniquilar a si próprio. A escravidão intelectual é sinônimo da morte intelectual e cada homem que renunciou a própria liberdade intelectual não é outra coisa que o caixão vivente de um espírito falecido."
– Robert G. Ingersoll

Podemos dizer que todas as correntes filosóficas, em todas as partes do mundo, tem procurado por esta resposta. De fato, sendo todos os indivíduos diferentes, é natural que quando eles convivemocorram, inevitavelmente, situações de conflito. Dois ou mais indivíduos podem entrar em conflito por qualquer motivo, e, existem apenas duas maneiras de se resolver um conflito: a violência ou o acordo.

Um indivíduo pode impor a sua vontade contra a do próximo com a violência, afirmando através da força a sua posição. Rômulo e Remo, a quem a lenda atribui a fundação de Roma, discutiam sobre quem teria direito de construir uma cidade sobre as "sete colinas". Rômulo impôs a sua vontade com a força, matando Remo, e assim, conquistando o direito de construir a sua cidade.

Uma outra maneira de resolver os conflitos é com o acordo. É um método que chamamos de pacífico. Rômulo poderia convencer remo a abandonar suas pretensões, com uma proposta financeira, oferecendo uma sociedade, com motivações éticas, religiosas, ou de outra forma. Isto é, Rômulo poderia ter tentado convencer Remo de que sua ideia era aquela mais acertada sem ter que recorrer à violência.

A filosofia política nasce exatamente para isto. Para buscar um modo de reduzir, senão extinguir, os conflitos entre os indivíduos. A resposta que encontramos é que quase todas as correntes de pensamento de todo o mundo, em todos os tempos, tanto ocidentais como orientais, é sempre a mesma e, à primeira vista, a mais banal. Não fazer mal ao próximo. O problema é que cada ideologia política diverge sobre o que é o bem e o que é o mal. Se sobre a terra somos seis bilhões de pessoas, não é uma hipérbole dizer que existem seis bilhões de ideologias políticas.

4
O que Quer Dizer não Fazer Mal ao "Próximo"?

Um homem não deixa de ser escravo se lhe for permitido escolher a cada quatro anos um novo mestre."
– Lysander Spooner

Cada filosofia política tem a sua definição de mal. A seguir tentamos citar algumas delas. Tentaremos parafrasear a crença fundamental das principais filosofias políticas da mesma maneira, para uma exposição mais abrangente.

- Não fazer mal ao próximo para uma ditadura ou uma monarquia, significa que é mal aquilo que o Rei ou o ditador acreditam que seja mal.
- Não fazer mal ao próximo para o comunismo significa que o mal é retirar da sociedade além das próprias necessidades.
- Não fazer mal ao próximo numa democracia significa que é mal tudo aquilo que a maioria decidir.

Observem que todas estas filosofias políticas propõem as suas soluções para "salvar o mundo". Ou seja, cada uma das filosofias acima enfrenta os problemas dos conflitos de longe, de um ponto de vista do coletivo, e não do indivíduo, real envolvido (ativo ou passivo) no conflito em si.

5
Por Que Estas Filosofias Políticas Estão Erradas?

"Quando muitos governam, pensam em contentar só a si próprios, essa é a tirania mais dissimulada e odiosa, a tirania mascarada de liberdade."
– Luigi Pirandello

Supondo um conflito, não importa de que tipo, envolvendo dois indivíduos.

1) Comunismo, ditadura e democracia acreditam que para resolver os conflitos entre os indivíduos é necessária uma terceira entidade que decida. Isto é, eles buscam o caminho mais fácil, delegando a um político, um ditador, uma oligarquia... ao sistema, a decisão. Ao invés de fornecerem as bases políticas para que os indivíduos resolvam seus problemas, introduzem uma nova violência, a violência do terceiro, se preferirem, contra violência. Eles de fato irão impor, com a força, a sua decisão. Estes irão dar razão ao primeiro ou ao segundo, ou ainda podem buscar mediar. Em qualquer caso a sua intervenção vem imposta e, portanto se configura necessariamente como uma violência. O terceiro, nas três formas citadas acima, esta impondo a sua violência. Esta vem "floreada" com muitos nomes convenientes como "direito", "lei", "soberania", mas continua sempre sendo uma violência. Podemos compará-la à mãe que interrompe uma briga entre seus dois filhos se impondo com a força. Estas filosofias políticas com certeza não eliminaram os conflitos, elas apenas moveram os conflitos para o sistema.

2) Nenhuma dessas doutrinas sociais apresentam critérios de objetividade absoluta. Confiar a um terceiro a decisão dos conflitos entre os indivíduos é sempre arriscado. O terceiro, seja este uma instituição ou um indivíduo, pode ser parcial, corruptível ou ter interesses pessoais no caso. Pode ter preconceito sobre a discussão. Ou simplesmente pode errar. O erro é intrínseco à natureza humana, portanto não é de se surpreender que os juízes também errem.

3) Nenhuma destas filosofias políticas prevê a não adesão ao sistema. Ou seja, somos obrigados a aceitar que um terceiro decida por

nós, e somos obrigados a aceitar a sua decisão. Alguns sistemas, como a democracia, prevêm que os indivíduos podem participar da escolha deste terceiro (embora com muitas limitações ditadas pelos critérios a serem eleitos, do conceito de representatividade etc.), mas isto não muda o fato que o terceiro seja imposto, com a violência, se necessária.

4) Nenhuma destas filosofias políticas parecem reconhecer o egoísmo humano. Entendemos por egoísmo, não no significado mais conhecido (e negativo), mas no mais geral , a "busca pela própria felicidade". Todas pressupõem seres humanos "perfeitos", que não apenas aceitem na integra a doutrina política do caso, mas que também a seguem à risca. No comunismo, por exemplo, se espera que valha a máxima "a cada um de acordo com a sua necessidade, de cada um de acordo com a capacidade". Não queremos aqui discutir se essa é uma condição desejável ou não, mas ela é claramente utópica.

Delegar a um terceiro a decisão sobre um conflito deveria ser considerado uma decisão extrema, uma última oportunidade que as duas partes tem de resolver o conflito, e, portanto, deveria ser uma escolha voluntaria. Com a existência do estado não é assim.

6
O Que É o Estado?

Quantas vezes já escutamos a frase O estado somos nós. Não existe nada mais falso. O estado, em condições de paz, nasce quando são institucionalizadas as condições de poder, e, muitas vezes, senão sempre, isto ocorre com o uso da força, da violência. Em condições de guerra, o estado nasce quando um grupo de "predadores", ao invés de saquearem o povo de todas as suas posses de uma só vez, escolhem desfrutar disso continuamente. Uma classe de cidadãos, uma oligarquia ou um único ditador, através da imposição de um sistema de gestão da sociedade, se mantém da própria sociedade. O que pode ser dito, em qualquer caso, é que o estado jamais nasceu voluntariamente, de baixo. Ao invés disso, nas suas variadas formas, sempre foi imposto de cima. Apenas nos últimos séculos, começamos a ouvir falar na Carta Magna, e em apenas algumas áreas, o estado deu alguns (minúsculos) passos atrás, concedendo um pouco de autodeterminação aos indivíduos.

Ao longo da história o que jamais aconteceu foi uma massa de pessoas se reunir voluntariamente, e unanimemente, terem decidido renunciar a própria liberdade para "doá-la" a uma entidade. Se alguma vez isso aconteceu, aconteceu isoladamente, em pequenas áreas (vilas, aldeias), e em todos os casos, a tendência do poder, uma vez instaurado "legalmente", tem sido aquela de se "autoinstitucionalizar", ou seja, de formalizar a sua existência também para o futuro.

Muitas vezes não era obrigatório cumprir a vontade do "chefe", em alguns casos você poderia se encontrar no máximo frente a um isolamento por parte dos outros habitantes ou um exílio de poucas centenas de metros. Mas, com o passar do tempo, com a transformação dos vilarejos em cidades, o poder cada vez mais se enraizou. Os sacerdotes criaram as castas, os Reis guerreiros que obtiveram o poder do povo por alguma emergência, permaneceram com o poder por algumas décadas, e passaram o poder aos seus filhos. A isso somamos a conquista de novos territórios às custas do povo pacífico, a guerra entre vilas, e depois entre cidades, e depois ainda entre reinados e nações.

Tudo isso permitiu ao estado crescer, ao longo dos séculos, e a consolidar o próprio poder. As várias revoluções que foram bem sucedidas na historia, tanto do ocidente quanto do oriente, jamais conseguiram ameaçar o estado enquanto instituição, conseguindo no máximo mudar a direção política, e na maioria das vezes a casta governante.

Apenas esporadicamente, por uma combinação de eventos violentos, afortunados e grandiosos em conjunto, como o fim do Império Romano do Ocidente, ou no caso da conquista de novos territórios inexplorados, houve um "gap" onde o estado não estava presente e a sociedade foi capaz de se desenvolver como ou mais que antes.

7
Como o Estado Monopoliza a Violência?

> "A liberdade, caro Sancho, é um dos bens mais preciosos que os céus doaram aos homens; a ela não se pode igualar nem todos os tesouros que cobrem a terra, nem aqueles que existem no mar: pela liberdade, assim como pela honra, qualquer um pode e deve dar a própria vida..."
> – Don Quixote de la Mancha (M. de Cervantes)

A história do estado é uma história de violência, e, não é por acaso que uma das definições que usamos para definir o estado é a de monopolista da violência. Na verdade, com o pretexto de limitar os pequenos conflitos, criou o maior dos conflitos que a humanidade já conheceu. Não por acaso o século XX é conhecido como o século das duas grandes guerras e também como o século dos grandes estados nacionais. De fato apenas o estado, com a imposição dos impostos, é capaz de desenvolver grandes "armas", apenas o estado com o alistamento obrigatório é capaz de ter grandes exércitos. Apenas o estado pode fazer as grandes guerras. Os conflitos entre estados geraram dezenas de milhões de mortos no último século, muito mais do que os "pequenos" conflitos entre indivíduos poderiam ter criado na ausência dele.

Mas a violência do estado não é apenas voltada contra o exterior, os outros estados, mas também contra o interior. O estado tem o monopólio da segurança interna. A posse de armas é fortemente regulamentada e apenas a polícia tem a permissão de perseguir criminosos. O paradoxo é que o estado nos impõe a sua violência com a desculpa de prevenir a violência dos outros. E, é claro que nós pagamos por isso, com os nossos impostos. É como se antes de sair de casa, diariamente, a polícia nos roubasse um pouco se justificando com a desculpa de estar nos protegendo dos bandidos. Este não parece um raciocínio muito coerente. O princípio é o mesmo que o do capanga da máfia que cobra sua taxa de proteção ameaçando os comerciantes locais, com a diferença que, pelo menos, este último não tem a pretensão de dizer que esta agindo honestamente. A máfia sabe que esta cometendo uma violência, e, ao menos do ponto de vista da honestidade intelectual, podemos considerá-la melhor que o estado. Este último não apenas inicia a violência, rouba os nossos bens, mas também tem a petulância de citar como justificação a nossa defesa.

Uma doutrina filosófica que, de qualquer maneira, implique já na sua definição, que um terceiro possa, indiscriminadamente, usar a violência contra os indivíduos, através da coerção, do roubo e até da agressão física, não é uma doutrina política que podemos aceitar.

8
Como Podemos Eliminar os Conflitos?

"Noventa por cento das atividades dos governos modernos são danosas, portanto, quanto menos eles forem eficientes, melhor."
– Bertrand Russell

Podemos agora dizer que não fazer mal ao próximo para nós implica em não iniciar a violência contra o próximo, entendendo o termo *violência* em seu mais amplo sentido. Isso significa não apenas não agredir ao próximo, mas também não obrigá-lo de forma alguma a fazer nada contra a sua vontade. Não fazer mal ao próximo significa não privá-lo da sua liberdade.

Em outras palavras Cada um pode fazer aquilo que quiser, desde que não impeça os outros de fazer o mesmo. A mesma frase pode ser também escrita da seguinte forma "A liberdade de um indivíduo termina onde começa a do outro, ou ainda Não há crime se não há vitima, Não faça aos outros aquilo que não gostaria que eles fizessem com você, "Ame o próximo como ama a si mesmo" etc.

São todas formas diferentes de dizer que "Um direito fundamental do homem é a liberdade".

Infelizmente a conclusão a que chegamos até agora é uma conclusão bastante comum e genérica, e é difícil encontrar nestas os sinais para a construção um modelo funcional de sociedade, um modelo social que elimine os conflitos. E é insuficiente para uma pesquisa que procura encontrar um princípio inicial que deveria ser amplamente compartilhado e que, se compartido, deveria permitir o nascimento de uma nova sociedade, baseada na cooperação voluntária e livre de qualquer tipo de coerção.

9
Como ter Uma Sociedade Realmente Livre?

> "Para ficar rico existem duas e apenas duas formas: os meios econômicos, a produção e a troca voluntária com os outros; e os meios políticos, qual seja, a expropriação violenta da riqueza produzida por outros. O estado é a organização dos meios políticos."
>
> – Franz Oppenheimer

Murray N. Rothbard, um filósofo político norte americano nascido no ano de 1926 e falecido no ano de 1995, dedicou toda a sua vida, 40 anos de pesquisa e dezenas de publicações, ao estudo deste tema. Ele combina a sua inclinação à liberdade individual com os ensinamentos da escola austríaca", em particular com o trabalho de Ludwig von Mises e a filosofia do direito natural, segundo a qual alguns direitos dos homens derivam da condição natural e não dependem de pedir aos outros ou de serem conquistados. Do trabalho de Rothbard nasce a filosofia que tende a revolucionar o terceiro milênio: o Libertarianismo.

Rothbard compreende que deve haver um limite para a liberdade individual e este limite dever ser objetivo (universal). Não basta então dizer que não devemos prejudicar os outros, ou que, não devemos agredir o próximo. Devemos encontrar um limite para a ação de um indivíduo que possa ser universalmente reconhecido e amplamente aceito. Rothbard encontra este limite na propriedade.

Para o filósofo as propriedades de um indivíduo (não só os bens móveis, mas acima de tudo o próprio corpo) o pertencem em todos os sentidos. Apenas ele pode decidir o que fazer com o seu corpo e os seus bens. Qualquer agressão contra a sua propriedade material, qualquer forma de coerção sobre ele é condenada, considerada um mal, um ato ilegítimo. A razão principal é condenar a agressão física, e qualquer ato destinado a ir contra a vontade dos outros. Podemos então resumir a descoberta de Rothbard com a seguinte frase:

Cada indivíduo pode agir como quiser, se fazendo assim, não agredir a propriedade dos outros.

Podemos escrever a mesma frase de outras formas, e é verdade que quando se faz filosofia se deve atentar às palavras que se usa, mas Rothbard é muito claro. A linha que separa uma ação legítima de uma ilegítima é a propriedade (lembremos, o próprio corpo e os bens) do outro.

Capítulo 1

As Bases do Libertarianismo

1
O Que É o Libertarianismo?

"A crença do libertarianismo se baseia num axioma central: ninguém pode agredir a pessoa e a propriedade dos outros."
– Murray N. Rothbard

Os libertários acreditam que nas palavras de Rothbard resida a solução para os problemas de todas as comunidades, da humanidade inteira. Se aceito universalmente e for corretamente aplicado este princípio básico do libertarianismo baseado no direito de propriedade, pode resolver a maioria dos conflitos que ocorrem entre indivíduos.

É importante notar que o libertarianismo não é uma filosofia metafísica, ou ontológica, e não pretende responder a perguntas como Como é a vida depois da morte? Deus existe? Quando começa a vida?, respostas estas que vamos buscar em outras doutrinas filosóficas, na religião, ou dentro de nós mesmos.

O Libertarianismo é, em vez disso, como dissemos, uma filosofia política. Tendo retirado a sua própria definição do conceito de propriedade, libertarianismo é com certeza uma filosofia política econômica. Isso não quer dizer que o libertarianismo deva abranger somente o comércio, a bolsa de valores e os consumidores. Ele abrange todas as esferas das relações humanas, quando estas envolvem duas ou mais pessoas que, como já dissemos, devem ser livres e voluntárias.

Aplicando corretamente o principio básico do libertarianismo, somos capazes de compreender se uma ação é legítima ou ilegítima. E, para aplicar corretamente o libertarianismo nas nossas escolhas diárias, ou imaginá-lo aplicado (num futuro próximo?) num "mundo libertário" precisamos primeiramente compreendê-lo bem. Em particular, primeiro precisamos compreender bem o que queremos dizer quando falamos em indivíduo, propriedade e direito de propriedade, agressão, legítimo ou ilegítimo.

2
O Que É o Indivíduo?

"A liberdade não é uma coisa que pode ser dada a todo mundo, é algo que se busca. As pessoas são tão livres quanto querem ser."
– James Baldwin

Por indivíduo entendemos um ser humano adulto, livre e responsável, capaz de querer e de entender. Esta definição se faz necessária para abordar as questões de filosofia política. De fato, para poder aplicar corretamente um pensamento político é necessário que todos os elementos envolvidos possam ser por si só sujeitos e objetos de pensamentos políticos. Caso contrário, o que obtemos não é mais uma direção de comportamento e sim uma imposição ética.

Explicando melhor. A frase É errado comer carne de animais é uma imposição ética. Esta ideia pode ser partilhada de todos aqueles que se consideram vegetarianos ou "vegans", mas ao mesmo tempo pode ser contestada por aqueles que preferem completar sua dieta com carne de animais. O valor filosófico de uma frase como esta, para um libertário, é o mesmo valor de frases como É errado andar na grama ou comporte-se ou não vai para o céu. Todas estas frases introduzem elementos externos à relação indivíduo-indivíduo, e como tais estas podem ser aceitas ou não, sem ligação com o libertarianismo.

Um libertário hindu, provavelmente não come carne de boi. Um libertário católico comerá peixe na sexta feira santa. Um libertário ateu comerá carne quando tiver vontade. Sendo o libertarianismo uma filosofia política que envolve os seres humanos apenas enquanto indivíduos responsáveis e livres, ele não pode ser usado para traçar uma linha de conduta nestes assuntos.

Do mesmo modo, e pela mesma razão, muitos libertários se dividem em questões morais, como o aborto, o suicídio e eutanásia (abordaremos em detalhes algumas destas questões mais a frente) porque erroneamente, nota do que vos escreve, tendem a confundir o conceito de indivíduo com aquele mais amplo e genérico que é ser humano.

O libertarianismo, repito mais uma vez, se ocupa simplesmente de definir as relações entre indivíduos e suas propriedades.

3

O Que é a Propriedade?

Rothbard recorre ao jusnaturalismo para definir o conceito de propriedade. Em primeiro lugar cada indivíduo é proprietário do seu próprio corpo. Este é um direito natural e é aceito como tal. Este direito existe, pelo jusnaturalismo, e não existe como ser atribuído por terceiros (como por exemplo, o direito à moradia" ou o "direito à escola" que são "falsos direitos"), mas existe e basta. Para um aprofundamento sobre o jusnaturalismo recomendamos o leitor buscar outra fonte. Aqui pretendo apenas destacar o jusnaturalismo como a base de (quase) todas as doutrinas de filosofia política por que representa o elemento mínimo de filosofia do direito, divisor comum de todas as outras teorias de filosofia política.

O direito de propriedade do corpo é o primeiro passo para distinguir o indivíduo de todo o resto, do mundo que o rodeia. Porque o indivíduo tem direito à vida e ao próprio corpo segue-se que procurar viver da melhor maneira possível não é ilegítimo. O homem, como qualquer outro animal, procura viver com os recursos que a natureza lhe oferece. Estes recursos inicialmente se encontram na condição de *res nullius* (ou "de ninguém"). Se apropriar destes recursos é a primeira afirmação do Ser no mundo.

Rothbard busca referência em Locke, filósofo do fim do século XVII, para explicar como isso acontece. O indivíduo que se move num território, que colhe um fruto, que ara a terra, está misturando trabalho (ou seja, uma propriedade sua, já que é realizado com o seu corpo) com uma propriedade sem dono. Fazendo assim ele se apropria daquela propriedade sem dono e a faz sua. A propriedade dos objetos ou dos imóveis nasce então do trabalho do indivíduo. Ao fazer isso ele não tira nada de nenhum outro indivíduo. Na verdade, ele se apropria de algo que não pertencia a ninguém, e que então não pode ser reivindicado por outros. O fato de que ele tenha feito isso antes que os outros, faz com que este ato não seja ilegítimo.

Nós quisemos explicar melhor este conceito porque muitas teorias socialistas tem a propriedade não como um direito natural, mas como um roubo, como algo que subtrai alguma coisa dos outros. Aceitar este princípio de que "cada um deve possuir (apenas) segundo a sua necessidade" significa simplesmente ignorar as profundas diferenças entre as aspirações dos indivíduos que almejam mais do que a mera sobrevivência, é condenar a humanidade a um nivelamento por baixo, a uma mediocridade sem tamanho. Acrescentamos que esta teoria seria inaplicável porque pressupõe uma entidade perfeita (um deus? um ditador? um computador?) que soubesse, a cada segundo, quais são as necessidade de cada um dos indivíduos. E isso é claramente impossível (além de indesejável).

O direito a apropriar-se das coisas sem dono não pode ser compreendido como o direito à "se apropriar de tudo aquilo que desejar". Apropriar-se de alguma coisa, misturar o próprio trabalho àquela coisa, é o que chamamos de principio do *homesteading* (apropriação original). Este termo é utilizado para ilustrar o procedimento pelo qual se dá uma apropriação. Não é o suficiente citar um território para se proclamar dono dele. É preciso vivê-lo e trabalhá-lo. É preciso apropriar-se de fato, misturando o seu trabalho com o recurso *res nullius* (e não devemos imaginar que isto é exclusivo do trabalho agrícola como pode a princípio parecer). Locke dizia que fazendo assim não só não se subtrai nada dos outros, mas cria uma nova riqueza com a produção, que é quase como doar algo aos outros.

Uma vez definido como "natural" o direito de propriedade do corpo e às propriedades externas, segue-se o direito a que estes não venham a ser violados pelos outros indivíduos.

4
O Que se Entende Por "Agressão"?

"Não se pesa na mesma balança
os delitos que causamos e aqueles que sofremos."
– Esopo

Qualquer violação dos direitos dos indivíduos à propriedade (lembremos mais uma vez, propriedade do corpo e dos bens materiais) é configurada então como uma agressão contra estes indivíduos. É importante salientar que este direito emerge do estado natural e que não requer nenhum modelo social, vontade da maioria ou credo religioso para ser reconhecido. Se reconhecemos este direito devemos necessariamente sustentá-lo e ao mesmo tempo condenar qualquer violação ao mesmo.

Assim, fica evidente que o indivíduo tem o direito de defender a si mesmo e as suas propriedades. O direito a legítima defesa é também então um direito natural e não uma concessão que deve vir de alguma autoridade. A legítima defesa , quando é proporcional à agressão , não pode ser considerada uma violência. Literalmente falando, é um ato violento, mas certamente não é uma violência.

Mas quando a legítima defesa perde os critérios de proporcionalidade com a agressão sofrida, ela se configura também numa agressão. Imaginemos uma agressão (seja esta contra o corpo, como uma bofetada, ou a propriedade externa, como um furto) que ocorre com a força X. Se a vitima responde com a força X, ela está respondendo legitimamente a agressão recebida. Se ele responde com a força X+n é como se ele mesmo se tornasse um agressor na proporção n. Obviamente que na prática não é assim fácil avaliar os graus de violência usados tanto na agressão quanto na sua defesa. Além disso, o indivíduo agredido dever ter uma espécie de "bônus" porque não foi ele que iniciou a agressão e o reequilíbrio da situação anterior pode nem sempre ser X=X.

O que gostaria de destacar por hora é que qualquer ato que respeite a propriedade dos indivíduos é um ato legítimo. Qualquer ato de agressão contra estas mesmas propriedades é por si próprio um ato ilegítimo.

É importante citar os casos em que ocorre uma defesa preventiva. Não é admissível se defender sem que tenha sido atacado, ou se a ameaça não é eminente. Um assaltante que lhe aponte a arma e lhe diz "a bolsa ou a vida" está certamente lhe ameaçando e você tem claramente o direito de se defender. Se ao contrário você imagina estar sendo seguido numa rua escura, você não pode virar e atirar, este seu ato se configuraria numa agressão.

5
O Que se Entende Por "Legítimo" e "Ilegítimo"?

"A liberdade é a possibilidade de duvidar, de cometer um erro, a possibilidade de dizer "NÃO!" a qualquer autoridade literária, religiosa, filosófica, social e inclusive política."
– Ignazio Silone

Temos repetidamente usado os termos legítimo e ilegítimo e os usaremos tantas outras vezes no futuro. Muito raramente, no entanto, usaremos os termos legal e ilegal, justo e injusto. Buscaremos explicar aqui as diferenças entre estes vocábulos e as motivações da nossa escolha. Justo, legítimo e legal podem parecer à primeira vista palavras similares, quase sinônimos, então se faz necessária uma distinção para tornar mais claro aquilo que pretendemos expor neste livro.

Doutrinas filosóficas que preveem a imposição de um modelo social, como o comunismo, o socialismo, a ditadura, a democracia liberal etc... podem fazer coincidir os significados de legítimo e legal. Porque estes de fato atribuem um juízo as ações dos indivíduos em relação a um terceiro (seja esse o ditador, a maioria, o estado,...) que equivale a distinguir o bem e o mal com a lei. Legal (ou seja, que observa a lei) vem então a coincidir com legítimo (o que é permitido). Podemos então simplificar dizendo que legal é tudo aquilo que é legítimo para o sistema social.

Da mesma forma o termo justo não coincide com o termo legítimo. O termo justo pressupõe uma opinião que venha expressa com um valor absoluto, acima de qualquer coisa, acima até do direito natural. Os termos justo e injusto então se aplicam a considerações de ética pessoal ou religiosa.

Muitas vezes o que é justo, o que é legal e o que é legítimo coincidem. Por exemplo, o roubo é considerado injusto, ilegal e ilegítimo pela maioria das religiões e sistemas sociais do mundo. Por outro lado, pagar impostos, ter três esposas, greves etc.. podem ter juízos distintos dependendo de quem os exponha.

O libertarianismo define como ilegítimo qualquer comportamento que viole o direito de propriedade e por sua vez legítimo qualquer comportamento que não o faça.

6
O Que é o Direito de Propriedade?

"E confessará o seu pecado que cometeu; pela sua culpa, fará plena restituição, segundo a soma total, e lhe acrescentará a sua quinta parte, e a dará àquele contra quem se fez culpado."
– Bíblia 5:7

Se o libertarianismo é uma teoria filosófica política podemos imaginar o direito de propriedade como a sua aplicação na prática, no mundo real. Ele tenta reportar nas relações na vida cotidiana, entre as pessoas, no trabalho, no mercado, o princípio libertário da não iniciação de agressão. Os libertários argumentam que a aplicação correta do direito de propriedade pode trazer a solução para a maior parte dos problemas que envolvem a sociedade humana.

Para aplicar o direito de propriedade a qualquer relação entre indivíduos é necessário que se tenha as seguintes condições a princípio:

1) As partes envolvidas devem reconhecer a validade do direito de propriedade.

2) Cada uma das partes envolvidas deve reconhecer o direito de propriedade das outras partes.

3) Não devem haver intervenções coercitivas de terceiros.

4) Toda a relação em questão deve envolver apenas as partes que dela estão participando.

Se todas estas condições forem satisfeitas então poderemos falar na aplicação concreta e correta dos princípios do libertarianismo. A batalha dos libertários é fazer com que estes quatro pontos sejam respeitados de todas as formas que for possível. Enquanto os dois primeiros são bastante simples de se compreender, os outros dois merecem um breve aprofundamento.

O item 3) remete ao conceito de "terceiros". Qualquer terceiro que queira interferir nas livres relações entre duas ou mais pessoas estará alterando à força esta relação. Toda a relação é então desequilibrada. Se por exemplo, queremos comprar um imóvel de um indivíduo, embora tenhamos chegado a um preço bom para ambos, podemos ser desencorajados a fazê-lo pelo custo do imposto de transferência de propriedade. Neste caso, claramente, o estado modificou uma relação entre dois indivíduos.

O item 4) introduz o conceito de externalidade que explicaremos a seguir.

7
O Que São as Externalidades?

"A lógica da política é: Se uma atividade se desenvolve muito devemos regulamentá-la,se continuar a se desenvolver devemos taxá-la, se começar a apresentar sinais de crise devemos subsidiá-la."
– Ronald Reagan

Definem-se como externalidades, negativas ou positivas, as consequências de uma relação. Em economia estas são, por exemplo, as consequências de um acordo, mas podemos imaginar o termo aplicado a qualquer contexto das nossas vidas. Um casal que se divorcia causará externalidades negativas aos seus filhos, que são inocentes e de certa forma não são "partes" deste acordo.

Temos aqui usado os termos negativo e positivo na sua definição mais comum. Eles são puramente subjetivos. Por exemplo, na relação acima, a externalidade produzida contra os filhos poderia também ser positiva. O menino poderia ficar mais feliz por ganhar dois presentes de aniversario, ter duas famílias, poderia crescer mais forte pelas dores sofridas na infância, ou simplesmente ficar mais feliz por ver seus pais mais felizes etc... O que pretendemos destacar é que o conceito de externalidade não pode ser entendido como um valor qualitativo, mas, como uma "consequência para os terceiros não envolvidos".

As externalidades podem ser divididas em externalidade de consumo, externalidade de produção e externalidade de rede.

As externalidades de consumo ocorrem quando somos envolvidos no usufruto de um produto ou serviço. Dois exemplos podem ser imaginados para descrevê-las, ouvir a música do seu vizinho pela janela da sua casa (negativa?) ou o primor que o seu vizinho tem pelo seu próprio jardim que embeleza toda a vizinhança (positivo?).

As externalidades de produção ocorrem quando da produção de um bem obtemos uma vantagem ou desvantagem indireta. Uma fazenda dedicada à apicultura pode obter melhores resultados com um pomar nas suas proximidades, já um pescador terá sua produção prejudicada por uma atividade industrial na sua proximidade.

As externalidades de rede ocorrem quando o valor de um bem se modifica em função do aumento ou da diminuição da disponibilidade de um bem igual. Por exemplo, um fax terá mais utilidade conforme o número de pessoas que tenham fax.

Externalidades, para um libertário, estarão sempre presentes em qualquer relação. O objetivo é tentar anular as externalidades ou reduzi-las ao máximo (quase todas as relações humanas envolvem pelo menos um mínimo de externalidades). Isso é possível, seja procurando tomar todas as precauções antes de realizar a ação, seja envolvendo (sem coerção) o terceiro que sofreria esta externalidade. De fato, uma vez envolvido, este terceiro se torna parte da relação e não mais é passível de ser vítima de externalidade nesta.

Se a fábrica *A* produz bens, e os vende a *B*, mas assim fazendo prejudica (violando os direitos de propriedade) a *C*, uma aplicação correta dos direitos de propriedades seria exigir que *A*, para respeitar os direitos de propriedade de *C*, entrasse num acordo com *C* para reembolsá-lo pelo prejuízo, e eliminar o dano acusado a *C*. É necessário lembrar que hoje, existindo estado (*E*), temos um quarto sujeito na relação, que impõe a *A* e *B* um custo arbitrário (seja este uma taxa sobre a poluição ou sobre o consumo de algum produto específico) para compensar (a maioria das vezes indiretamente) a *C*. Não apenas este custo poderia ser diferente do aplicado (maior ou menor) daquele que *C* teria cobrado a *A*, mas este, com toda a certeza, não será integralmente repassado a *C*, dado que o estado reivindicará para si (um custo de intermediação) pela sua intervenção (não solicitada). O que ocorre então é que ,quando o estado está envolvido, *A* fica infeliz por ter seus custos aumentados, *B* fica descontente porque vê o preço do produto aumentar e *C* fica frustrado porque não crê que o estado tenha salvaguardado suficientemente os seus direitos.

O economista Coase (prêmio Nobel em 1991) nos anos 60 publicou aquele que corriqueiramente é denominado de *O Teorema de Coase* e demonstrou que quando os custos de transação são nulos a inteira relação fica mais eficiente para todas as partes. Ou seja, que *A*, *B* e *C* são mais felizes sem a intervenção do estado.

As relações são mais eficientes (eficiência é o modo que a economia tem para julgar a felicidade; então devemos enterder eficiência como a maior satisfação entre os sujeitos envolvidos na relação) apenas quando existe um livre mercado.

Capítulo 2

O Livre Mercado

1

O Que É o Livre Mercado?

"A sociedade aberta é impossível sem a lógica competitiva. Sem mercado não existe sociedade aberta. O ressentimento contra o mercado é o ressentimento contra a humanidade."
– Ludwig von Mises

Grande parte deste livro é dedicada a propor aplicações dos direitos de propriedade em casos reais (e também para testar as consequências da aplicação e da não aplicação destes direitos), ou seja, para a realização efetiva de um livre mercado.

Por livre mercado entendemos um local onde sejam respeitados todos os direitos de propriedade. Muitas vezes usaremos exemplos de situações especificas, presentes em outros países ou territórios, ou ainda em épocas diversas, aonde o direito de propriedade vem, pelo menos para um setor especifico, aplicado da maneira correta (ou menos incorreta).

Lamentamos notar que não só não existe um único local no planeta onde os direitos de propriedade sejam plenamente respeitados, como também que a maioria da população se opõe a estes direitos.

Os estados, hoje democracias "liberais", antes reinados, impérios, senhores, ... em suma, o poder político, conseguiu, com milênios de condicionamento e doutrinação, fazer parecer "natural" a existência de um estado. Esta existência é considerada por muitos como um fato, algo que não devemos julgar ou questionar. O estado existe e pronto.

Além disso, a maioria das pessoas acredita que a presença do estado é necessária para garantir a felicidade dos indivíduos. Em particular, é "senso comum" que o mercado não possa fornecer todos os serviços que a sociedade necessita (por exemplo, os ditos serviços "sociais") e que este, deixado livre, só possa produzir malefícios. Acredita-se ainda que o livre mercado imponha a lei do mais forte (darwinismo social) e que isso não é desejável.

O que os libertários querem demonstrar, amparados nateoria econômica, é que o princípio de que os indivíduos ficam mais felizes quando deixados livres para agir respeitando a propriedade do próximo (aquele que chamamos de principio básico), não apenas não é derrubado quando enfrentamos temas econômicos, de mercado, de trocas, de comércio, mas sim, encontra aqui sua aplicação mais forte e real.

2
O Que é o Livre comércio?

"O comerciante e o guerreiro tem sido antagonistas durante toda a história. O comércio não floresce nos campos de batalha, as fábricas não produzem durante os bombardeios, e os lucros não surgem das ruínas."
– Ayn Rand

O livre comércio é a primeira forma do livre mercado, a mais intuitiva e imediata. Muitos adversários do libertarianismo, e das teorias que fundamentam a liberdade individual, argumentam um espírito antissocial nas teorias individualistas, mas se esquecem de que o livre comércio é a primeira forma de sociabilidade presente na natureza.

Dois indivíduos trocam as suas propriedades voluntariamente. Assim fazendo, ambos obtêm uma vantagem. Eles, de fato, se entram num acordo sobre a troca voluntariamente, o fazem porque pensam que esta troca os fará mais felizes do que seriam se não a realizassem. Pode parecer uma consideração banal, mas, a essência do livre mercado é a troca voluntária de bens e serviços.

Não devemos entender por troca apenas as trocas comerciais. Uma mãe que cuida do seu filho está trocando o seu tempo por um bem, que é o prazer de criar e ver crescer o próprio filho. Uma pessoa que faz uma doação está trocando o seu dinheiro pela felicidade que fazer isto pelo próximo lhe traz. O que entendemos é que onde quer que exista uma livre troca, todos os indivíduos envolvidos estarão mais felizes que antes dela. Ou falando em termos econômicos, a troca é mais eficiente se é voluntaria.

3
O Que é um Contrato?

"Por trás de qualquer argumento contra o livre mercado reside uma falta de fé na própria liberdade."
– Milton Friedman

O contrato pode ser definido como a "lei perfeita". Ele de fato não é uma lei, uma regra ou uma norma imposta de cima, mas é um acordo compartilhado por todos os envolvidos. Da mesma maneira esta "lei perfeita" produz os seus efeitos (sejam estes imposições, direitos, obrigações, proibições,...) sobre todas as partes envolvidas. Isso significa que cumprir corretamente um contrato é respeitar um acordo de uma relação baseada nos direitos de propriedade. Podemos então adicionar o cumprimento dos contratos como o quinto item dos "deveres" de um libertário.

A violação de um contrato é a violação de um compromisso assumido livremente. Na história o contrato é a forma mais usada de acordos comerciais e sociais. Desde que prevendo a adesão voluntária de todas as partes envolvidas, sempre foi a maneira mais eficiente (lembremos, eficiência mede o "grau de felicidade" de um sistema de relações sociais) de conduzir uma relação. Até a metade do século XX, o contrato, até nas democracias ocidentais, era cumprido com rigor, mesmo quando não havia nenhuma autoridade externa para obrigar seu cumprimento. Muitos podem recordar dos apertos de mão que selavam acordos comerciais, mesmo envolvendo importâncias consideráveis, nos portos, nos mercados e nas praças.

É, no entanto, importante entender que a validade dos contratos se deve ao direito de propriedade e não vice versa. Isto quer dizer que os contratos que devem ser considerados validos, e para os quais se faz legítimo o seu cumprimento, são apenas os contratos de transferência de propriedades. Não possuem valor legal, ou seja, não podem ser compelidos através da força, meras promessas, contratos validos no futuro para o futuro.

Se por exemplo, aceitarmos vender um automóvel por R$ 1.000,00 e depois de ter recebido o dinheiro não entregarmos o automóvel, estaremos violando o contrato (como um roubo). Mas se nós nos comprometemos a comprar um automóvel dentro de um ano por uma determinada cifra, mas no momento não existe a necessidade de qualquer transferência de propriedade (dinheiro ou bens) o nosso contrato é uma mera promessa de compra. No máximo pode ser considerado imoral violar um contrato deste tipo, mas nunca ilegítimo. Isso vale mesmo para o caso de a nossa recusa em realizar a compra resultar num prejuízo à outra parte (se por exemplo ele contava com esse dinheiro e gastou além da conta). Na idade média eram normais contratos que previam uma penalidade caso houvesse uma recisão unilateral (normalmente o dobro do valor dos bens ou serviços estabelecidos em contrato) e esta foi uma maneira de dar validade aos contratos num ambiente onde apenas as transferências de títulos de propriedades trariam obrigações às partes. Somente a partir do século XVIII os tribunais da Europa deixaram de aplicar o regime de "sanções" e começou a estabelecer "indenizações justas", obviamente arbitrárias, invalidando estes tipos de contrato e com o tempo favorecendo o seu desaparecimento.

O respeito aos contratos obviamente não pode ser exclusivamente delegado à boa fé e mais adiante abordaremos os métodos violentos para garantir o cumprimento dos mesmos. O que queremos destacar por hora é que as livres trocas, os direitos de propriedade, e os contratos sempre existiram e trouxeram enormes vantagens à evolução da humanidade. Uma destas vantagens é a especialização.

4
O Que É a Especialização?

"A melhor coisa que se pode dizer sobre a liberdade é que qualquer um se sente melhor quando é livre. Traz muito mais vantagens do que ser escravo ou senhor."
– Karl Hess

Por especialização se entende a capacidade do sistema social de ser mais eficiente que um único indivíduo.

Nas primeiras comunidades humanas, cada indivíduo (ou se preferir, cada chefe de família) tinha que pensar apenas em si próprio. Os dias eram dedicados a resoluções dos problemas de sobrevivência. Construir e manter um abrigo, se proteger do frio, obter comida através da caça ou da coleta, cuidar e educar os filhos etc. O dia inteiro era dedicado a isso, a sobreviver.

Com o nascimento das primeiras formas rudimentares de sociedade, os homens começaram a apreciar as possibilidades ofertadas pelas trocas voluntárias. Alguns poderiam se dedicar mais à colheita, outros à caça, alguns ainda poderiam se dedicar a cuidar das crianças (principalmente as mulheres), e assim por diante, possivelmente cada um seguindo às suas inclinações pessoais. Estas trocas voluntárias fizeram a eficiência do sistema aumentar. Dedicando o dia inteiro à caça, o caçador pôde desenvolver técnicas especificas, e caçar mais eficientemente. Do mesmo modo as mulheres poderiam se alternar na guarda das crianças (as primeiras "creches") liberando assim recursos para outras atividades (cozinha, artesanato etc.).

Queremos que todo o processo de evolução social do homem e do progresso tecnológico possam ser pensados como um processo de continua especialização, e assim, de melhora do sistema. A grande quantidade de tempo economizado permitiu aos homens, agora liberados de ter que usá-lo para a simples sobrevivência, investirem este tempo em outras atividades. Solidariedade, tempo livre, arte, atividades esportivas apenas puderam florescer depois que o homem começou a especializar a produção.

O economista David Ricardo, que viveu entre os séculos XVIII e XIX, demonstrou, com a teoria das vantagens comparativas, que a especialização e as trocas são sempre convenientes, mesmo quando uma das partes tem pouco para trocar, quando a capacidade de produção de um for bem maior que a do outro ou quando o grau de eficiência na produção for bastante diferente entre eles.

5
O Que se Entende Por Vantagem Comparativa?

"A história humana não é nada mais que o avanço do conhecimento da liberdade."
– Georg Hegel

Imaginemos um advogado ao qual é pago R$100,00 por hora de trabalho e que também saiba digitar numa velocidade de 20 páginas por hora. Vamos compará-lo com sua secretária que digita numa velocidade de 50 páginas por hora e por este serviço o mercado paga R$20,00 a hora. Obviamente que, de um ponto de vista econômico, o advogado preferirá realizar o seu trabalho como advogado do que digitar, e para digitar preferirá contratar uma secretária. Na realidade, todo o sistema funciona melhor se o advogado faz o trabalho de advogado e a secretária faz o trabalho de secretária.

Vejamos agora outro caso, ligeiramente diferente. Vamos imaginar um advogado que além de receber R$100 por hora como advogado ainda tem a habilidade de digitar 50 páginas por hora enquanto a sua secretária tem um desempenho de digitar apenas 20 paginas por hora. Mesmo se descontente com a secretária, para o nosso advogado ainda seria vantajoso mantê-la. Se ele quisesse digitar 200 páginas, perderia duas horas (R$200) enquanto pagar uma secretária (R$20,00/h) para fazê-lo lhe custaria apenas R$100,00.

No exemplo apresentado acima imaginamos uma quantidade de tempo indefinida para as duas partes, e ao mesmo tempo uma situação de "ilha deserta" onde não existem alternativas. Na realidade as coisas são ainda mais simples e diretas. Sendo a quantidade de tempo limitada (digamos oito horas de trabalho por dia) fica evidente que, se cada um faz aquilo que sabe fazer melhor e provavelmente mais gosta, será mais conveniente a todos. O nosso advogado, num mundo real, terá a sua disposição um mercado de secretárias, que lhe dará uma possibilidade de escolher aquela que lhe pode prestar um serviço da maneira mais eficiente possível.

O tamanho do mercado, de fato, aumenta a eficiência do sistema e um mercado maior se consegue de duas maneiras: com a ampliação do mercado (que hoje chamamos de globalização) e com o aumento de informações à disposição dos produtores e consumidores.

6
O Que É a Globalização?

"A globalização tem um quê de revolucionária, é uma maneira de fazer o dinheiro circular através da paz. Ela não apenas não serve à guerra como também necessita da paz."
– Alessandro Baricco

A globalização não é nada além da ampliação do mercado com a introdução de novos atores, sejam eles produtores ou consumidores. Isto só pode ser desejável porque se fornece para ambas as partes (consumidores e produtores) mais opções de escolha. Os produtores podem escolher a quais consumidores vender os seus produtos e os consumidores ganham uma vasta gama de produtores para escolher entre eles.

A introdução de novos atores no mercado leva os produtores a se confrontarem com uma concorrência mais ampla e, logo, necessariamente a melhorarem seus produtos, ou, se não forem capazes, a se especializarem naquilo que fazem melhor. O aumento do grau de especialização necessariamente melhora a eficiência do sistema. As consequências deste fenômeno são a redução dos preços aos consumidores (pois os produtores se especializam otimizando a cadeia de produção) e, ao mesmo tempo, o aumento da qualidade dos produtos.

Vale ressaltar que os recursos liberados graças a esse incremento na eficiência do sistema, são reintroduzidos no sistema em outras direções. Se, ao invés de gastar R$ 50,00 numa peça de roupa, gastamos R$20,00, então isso significa que teremos R$30,00 a mais no bolso para gastar de outra maneira.

Poderíamos escolher comprar comida, serviços, outra peça de roupa, poderíamos dá-lo à caridade, ou poupá-lo. De qualquer maneira seríamos mais felizes porque teríamos mais escolhas a fazer.

Imaginemos um consumidor que não fique feliz com este processo da globalização. Imaginemos por exemplo, que por qualquer razão (amizade com o comerciante, sentimento nacionalista, parentesco com os trabalhadores,...) ele fique mais feliz continuando a comprar a peça de roupa por R$50,00 do que comprando por R$20,00.

O que ele faz é simplesmente valorar a felicidade dele em mais de R$30,00 e, portanto é justo que ele continue a comprar os produtos preferidos dele por R$50,00 ao invés de comprá-los por R$20,00.

Não existe mal algum neste exemplo, se ele é adotado voluntariamente, sem uma imposição de cima. Quando, ao invés disso, é um estado que introduz uma barreira comercial (taxas, limites de importação etc.) isto não significa nada além de reduzir as opções dos consumidores. Ressaltamos, porém, que uma vez que o consumidor seja livre para escolher, o mercado sofre uma expansão e existe um aumento na eficiência, enquanto quando o mercado é restringido, necessariamente o sistema perde eficiência.

7
O Que é o "Aumento de Informação" em um Sistema Econômico?

"O homem que produz enquanto outros dispõem do fruto do seu trabalho é um escravo."
– Ayn Rand

Com as mesmas dimensões físicas (tamanho, número de sujeitos envolvidos etc.) as escolhas para consumidores e produtores podem ser aumentadas também, graças ao aumento de informações dentro do sistema. Se os agentes econômicos são colocados em condições de conhecer uma nova oportunidade, todo o sistema se beneficiará. Isto é tão óbvio que acontece naturalmente e o custo para o aumento de informação vem incorporado no custo do sistema.

A publicidade, por exemplo, não pode ser considerada uma despesa inútil, como argumentam os amantes da economia planificada, mas, ao contrário, é um custo normal da produção do produto, como frete, insumos ou armazenagem. Da mesma forma que sem o frete os produtos não chegam aos consumidores, se faz necessário um investimento em informação para fazer isso acontecer. Seguindo o mesmo raciocínio podemos analisar o papel dos intermediadores do mercado, como os vendedores, atacadistas, varejistas. Em todos estes casos o papel deles é funcional ao sistema e serve para aumentar a eficiência. Quando não mais o forem (com o advento da internet, por exemplo, aumentaram muito as vendas direto do produtor aos consumidores finais), o próprio mercado tratará de eliminar estas funções.

Mas o elemento primordial de informação, aquele que faz do livre mercado um sistema mais eficiente, é com certeza o sistema de preços.

8
Qual é a Diferença Entre Valor e Preço?

> "Este é o maior perigo que hoje ameaça a civilização:a estatização da vida, o intervencionismo do estado, a absorção de toda a espontaneidade social pelo estado; quer dizer, a anulação da espontaneidade histórica, que em definitivo sustenta, nutre e impele os destinos humanos."
>
> – José Ortega y Gasset

Até agora nós discutimos o livre comércio como uma comparação entre os valores de dois bens e serviços. O indivíduo *A*, por exemplo, trocava a sua propriedade com o indivíduo *B* somente se obtivesse um valor maior. O valor é obviamente algo subjetivo. Se os valores fossem objetivos, ou seja, o mesmo para todos, as trocas não ocorreriam.

Peguemos um exemplo de dois indivíduos. Guilherme tem 100 gramas de ouro e Helio tem 50 gramas. Uma vez que o valor do que Helio possui é menor objetivamente que aquilo que Guilherme possui, é difícil imaginar uma troca voluntária entre eles. É improvável que Guilherme aceite trocar seus 100 gramas de ouro pelos 50 gramas de Helio.

Imaginemos agora que Helio tem sim 50 gramas de ouro, mas, que este ouro esteja na forma do bracelete da avó querida de Guilherme, ao qual Guilherme é ligado emocionalmente. Neste caso, Guilherme pode pensar em trocar seus 100 gramas de ouro pelos 50 gramas de Helio, porque neste caso ele teria encontrado um valor maior nos 50 gramas de Helio, um valor claramente subjetivo, que para Helio não existia.

O que aconteceu é que no instante em que houve a troca (voluntária) foi definido um *preço* para o bracelete, avaliado em 100 gramas de ouro. Da mesma forma podemos dizer que foi definido um preço para o ouro do bracelete que seria de 2 gramas de ouro por grama de ouro em forma de bracelete. Este preço tornou-se um valor objetivo para o sistema (formado de apenas dois indivíduos no exemplo).

O que ocorre todos os dias nas relações entre as pessoas, é precisamente atribuir um valor subjetivo e avaliar as vantagens ou desvantagens de uma troca. Isto, repetimos, não vale apenas para a troca de produtos (bens ou serviços), mas ocorre também na troca do nosso tempo livre, na doação, na caridade etc. Se escolhemos sair com Caroline ao invés de sair com Gisele, é porque fizemos uma comparação de valores entre uma saída com Caroline e uma com Gisele, e fizemos uma avaliação do nosso tempo a dedicar ao encontro, e fizemos a nossa escolha.

Quando um bem é abundante (ou seja, não é raro) e o mercado é amplo, o seu preço chega a atingir um valor definido que assume os critérios de objetividade. Num mercado livre o preço reflete o valor médio que todos, produtores e consumidores, dão àquele bem ou àquele serviço. Se, ao invés disso, o mercado é restrito e/ou o bem é raro, o preço tende a subir (pense no exemplo de um copo d'água no deserto).

Não é nossa intenção discutir neste livro como os preços são formados e como ele se modifica no tempo. O que queremos enfatizar é que em um determinado instante no tempo, e num determinado lugar o preço reflete todos os componentes do mercado que levaram este bem a ser criado. Por traz desta simples cifra encontramos o custo de matéria prima, o risco do empreendedor, despesas em publicidade, pesquisa, transporte, embalagem e a comercialização. Encontramos a expectativa de ganho do empresário (margem), o custo do trabalho e das negociações com os empregados, encontramos os custos para a redução das externalidades e os custos de transação. Encontramos resumidos no preço também a disponibilidade, disseminação, a oferta e a demanda.

Enfim, o preço representa da maneira mais completa possível o valor de um bem.

9
Pode Existir Uma Economia Sem os Preços?

"O vicio inerente ao capitalismo é a divisão desigual da riqueza; A virtude inerente ao socialismo é a igualitária divisão da miséria."
– Winston Churchill

Na União Soviética, no fim dos anos de 1980, havia uma economia planificada, inspirada na doutrina Marxista. Este termo serve para dizer que o mercado não era livre, mas planificado de cima para baixo. Não existia um livre mercado! Alguém, da cúpula estatal, dizia o que se deveria produzir, em quais quantidades, quem deveria produzi-lo e quem tinha o direito de consumir. O valor dos bens não tinha importância, pois não havia espaço para a valoração subjetiva. Eram outros que decidiam a cada quando quais deveriam ser as necessidades dos consumidores, que alocavam arbitrariamente os recursos produtivos, que avaliavam a capacidade dos trabalhadores.

As consequências das aplicações deste sistema foram observadas com o tempo. O sistema entrou por si próprio num colapso. As razoes são muitas, mas podem todas ser resumidas na falta de um sistema de preços. Por não existir um sistema de preços que pudesse atribuir um valor médio de um determinado bem, não existia nenhum critério para estabelecer o quanto produzir. Não existindo um sistema de preços não se sabia nem como avaliar os bens a distribuir. Quantos pães valia uma cadeira? Um melão e uma laranja tem o mesmo valor? Uma hora de trabalho de um operário vale o mesmo que a de um engenheiro? Não sendo possível responder a estas perguntas, por que faltava um sistema de preços, acabavam por cometer erros que às vezes se transformavam num paradoxo. Na União Soviética poderia acontecer de um agricultor se permitir pegar um avião para vender uma caixa de frutas a mil quilômetros no mercado de Moscou.

É difícil acreditar que um sistema destes tenha durado tanto. Uma resposta que pode parecer plausível é que a riqueza de recursos naturais nos territórios soviéticos e o tamanho descomunal do próprio garantiam uma ampla margem de manobra. Mas a resposta devemos procurar no modo como o sistema era aplicado. Por sorte os soviéticos (por não haver um controle "capilar") tinham a possibilidade de trocar os seus produtos no mercado negro, recorrendo ao escambo ou utilizando para as transações as rupias, reduzidas a fichas de cassino, quase simulando um tipo de livre mercado.

Quando as teorias marxistas de planificação do mercado lograram serem aplicadas de maneira concreta e plena, como no caso do Camboja do Khmer Vermelho de Pol Pot (1975-1979), foi assistida a quase extinção de um povo. O Khmer havia planejado o nível de produção de arroz para três toneladas por safra, antes o nível era de uma tonelada por safra, e para fazer isto obrigava a população a trabalhar doze horas por dia. Proibiram as relações familiares e as crianças eram educadas diretamente pelo estado, depois estas crianças eram usadas para denunciar seus próprios pais. Os cidadãos tinham direito apenas a uma quantidade de arroz estabelecida pelo estado, que já vinha cozido para evitar as trocas no mercado negro. Panelas, pratos, móveis, tudo era propriedade do estado. Todo o povo devia se vestir do mesmo modo, com uma roupa maoista que era substituída uma vez ao ano pelo estado. O resultado foi de milhões de mortos, por execução (algumas dezenas de milhares) e por fome e exaustão por tanto trabalho (as quantidades são inexatas, mas se fala de três a cinco milhões de mortos).

Capítulo 3

O Estado nas Democracias Liberais

1

Existe Uma Economia Planificada Mesmo nas Democracias Liberais?

"A diferença entre democracia e ditadura é que numa democracia primeiro você vota e depois recebe as ordens e numa ditadura você não precisa perder tempo votando."
– Charles Bokowski

Onde quer que exista um estado existe certo grau de planificação da economia. Nem as democracias liberais estão livres disto. Mesmo nelas o estado não se limita ao seu papel como juiz e defensor (árbitro) e assume um papel tanto como planejador como de fornecedor de serviços. Isto acontece num grau menor do que ocorria no Camboja de Pol Pot ou na União Soviética e, portanto, os danos que o estado pode provocar são menores, mas ainda assim provocam e em alguns casos, muito graves.

A intervenção do estado na economia se manifesta de varias formas.

Impostos, leis, decretos, proibições, obrigações, autorizações, concessões, licenças, taxas, limitações, selos, planejamento, monopólios estatais, controle de preços, controle de aluguéis, certificações, inspeções, condenações, direitos, protecionismo, cotas, barreiras alfandegárias, salário mínimo, contratos coletivos, desapropriações e muito mais, são todos exemplos de intervenções estatais na economia.

A coisa mais inexplicável de uma democracia liberal é o uso da palavra liberal. Os regimes socialistas ou ditatoriais não fazem uso da palavra liberal. Eles sabem que são um regime de outro tipo, com forte planejamento econômico, e não tentam esconde-lo. As democracias liberais, ao invés disso, se escondem atrás da palavra liberal, mas são um sistema como os outros, apenas menos fortes, ou seja, são um sistema que ainda não encontrou a força ou a ocasião para se impor sobre o povo.

A maior contradição em que caem as democracias liberais é a de querer institucionalizar as vontades da maioria que, se deixássemos o mercado livre, exatamente por serem as vontades da maioria, não precisariam ser institucionalizadas. O sistema democrático por assim fazê-lo (a maioria decide por todos) não está aumentando a proteção à maioria, mas, penalizando a minoria.

Tomemos um exemplo. Se a maioria das pessoas quiser proibir o produto X(digamos os alimentos geneticamente modificados) ou quiser obrigar o pagamento do serviço Y (por exemplo, uma pensão para os idosos pobres) a coisa mais simples a se fazer seria deixar isto ao mercado. Se a maioria realmente acha justo pagar uma pensão aos idosos pobres, se a deixarmos livre, ela simplesmente o fará. Do mesmo modo, se a maioria acha um erro comprar alimentos geneticamente modificados, se a deixarmos livre simplesmente, ela não os comprará. O que acontece ao institucionalizarmos estas escolhas, com a criação de leis que proíbem a compra do produto X ou que obrigam ao pagamento pelo serviço Y, é a penalização da minoria, isto é, aqueles que têm vontade de comprar o produto X ou que não tem vontade de pagar pelo serviço Y.

Aplicando o mesmo raciocínio para a própria essência do estado, fica claro que se a maioria realmente quisesse um estado, os impostos não precisariam ser obrigatórios (imposto é chamado de imposto por motivos óbvios). Não por acaso aos cidadãos raramente é permitido que decidam sobre impostos (por exemplo ,na Itália é proibido o plebiscito sobre impostos), porque é claro que se eles fossem transformados numa escolha voluntária (contribuições em troca de serviços) pouquíssimos os pagariam. Enfim, das duas uma. Ou a democracia é inútil porque não faz outra coisa que institucionalizar escolhas que a maioria das pessoas faria de qualquer maneira, ou não existe, uma vez que obriga os eleitores a fazerem escolhas que, se deixados livres, não fariam.

Consciente da contradição na própria raiz da sua existência, as democracias liberais remetem o seu direito a uma espécie de contrato original, que é apenas chamado de Constituição.

2
O Que é a Constituição?

> "A autoridade do estado deve ter o reconhecimento de cada um dos governados. O estado não tem mais direitos sobre mim e a minha propriedade do que aqueles que lhe dei. Jamais haverá uma nação verdadeiramente livre enquanto o estado não reconhecer o indivíduo como uma entidade superior e tratá-lo como tal."
>
> – Henry David Thoreau

A constituição é frequentemente citada como um contrato entre os cidadãos e o estado. Um compromisso que as partes recorrem para obterem reciprocamente vantagens. A constituição seria uma espécie de contrato (de memória rousseauniana), na qual os cidadãos concordam em abrir mão de uma parte de suas liberdades em troca do estado se ocupar em resolver os conflitos e garantir alguns serviços.

Infelizmente, as coisas não são assim. A constituição nunca foi assinada pelos cidadãos. Na maior parte dos casos se trata de concessões vindas do alto, de instituições anteriores, que se viram pressionadas a ceder alguma coisa para evitar serem esmagadas pelas exigências de mudanças que vinham das massas. A Carta Magna (1215) é considerada a mãe de todas as constituições e é, na verdade, apenas uma concessão. O Rei renunciava a alguns de seus poderes dando ao povo a possibilidade de instituir um parlamento. O mesmo pode ser dito do "Statuto Albertino" concedido ao povo italiano pela monarquia Sabauda. Na melhor das hipóteses, como a atual constituição italiana nascida no período do pós-guerra, a constituição foi feita, escrita e assinada por uma oligarquia do poder (os partidos) que apenas deram forma às suas vontades. Aos cidadãos foi dado simplesmente o poder de escolherem alguns de seus representantes, sempre desta mesma oligarquia, para a sua redação (2 de junho de 1946). Votar era obrigatório sob pena de exclusão do mercado de trabalho porque os eleitores distraídos não teriam sua carteira de trabalho carimbada. A mais nenhum cidadão foi permitida a participação, nem na sua aprovação (22 de dezembro de 1947) nem na sua promulgação oficial (1 de janeiro de 1948). Nenhum cidadão foi chamado para ratificá-la com o seu voto. E muito menos chamado para assiná-la.

De qualquer maneira, isso não teria tido importância. Mesmo que 99% dos cidadãos tivesse pessoalmente lido, compreendido, concordado e finalmente assinado o texto da constituição, este "contrato" não teria nenhum valor para o 1% que escolheu ficar de fora e, de qualquer maneira, não teria direito de vincular as gerações subsequentes. A constituição é de fato um "contrato" bem estranho. Pois ela se aplica também para as partes que não a assinaram (isto é, toda a população de uma região excetuando-se as poucas centenas de pessoas da assembleia constituinte).

Mas, o estado gosta de jogar com as palavras. O estado sabe que com a instituição de uma linguagem onde as palavras podem ser distorcidas, ele pode manipular as vontades dos indivíduos. E então ocorre que o contrato de um "acordo voluntário entre dois ou mais indivíduos" também poder ser associado à constituição, que nada mais é que uma lei imposta como todas as outras, apenas mais geral e com mais princípios teóricos.

Um exemplo geral mostra como o estado pode, com o uso apropriado da linguagem, mostrar que a sua existência venha a ser vista como algo natural. O primeiro artigo da constituição italiana diz "A Itália é uma República Democrática fundada no trabalho...". À primeira vista, além do fato que se pode concordar ou não, ninguém verá nada de estranho na frase. E isso é alarmante. Foi escrito Itália com uma única palavra para confundir o estado italiano com a realidade geográfica italiana, a Itália. Não foi escrito "O estado italiano é uma República...", mas se quis identificar o estado com o território. A Itália como sabemos, é uma região feita de montes ao norte e mares dos outros lados, em forma de bota etc.. Esta é a Itália. O objetivo do primeiro artigo era o de confundir o estado com o território. As consequências são que qualquer um que não goste das leis italianas "não pode ir à Itália". Qualquer pessoa que não tenha apreço ao estado italiano "não ama o seu país" (um exemplo para nós seria "Brasil, ame-o ou deixe-o"). E assim por diante.

3
O Que É o "Politicamente Correto"?

> "..isso era obtido em parte pela invenção de novas palavras, mas principalmente pela eliminação de palavras indesejáveis e pelo esvaziamento das palavras restantes, de qualquer significado heterodoxo e, tanto quanto possível, de todos os resultados secundários, quaisquer que fossem eles. Por exemplo, a palavra "livre' ainda existia na Novilingua, mas só poderia ser utilizada em sentenças como 'Este cachorro está livre de pulgas', ou 'este jardim está livre de ervas daninhas". Não podia ser utilizada em seu antigo sentido de 'politicamente livre' ou 'intelectualmente livre', uma vez que a liberdade política ou intelectual já não existiam mais, nem como conceitos e , portanto, não tinham a necessidade de ser nomeadas."
> – (1984-George Orwell)

É certamente um acaso, mas é interessante notar como no mesmo ano da constituição italiana tenha também sido escrito o romance *1984*, de George Orwell, no qual, entre outras coisas, imaginava um mundo no qual o estado havia criado uma nova língua que, pouco a pouco, ia substituindo a língua antiga. Termos da "arqueolingua" (o inglês antigo) como "livre", na novilingua poderia ser utilizado apenas para "um campo livre de ervas daninhas", mas nunca no sentido de "Livre pensamento". Seria tão absurdo dizer "livre pensamento" quanto hoje é dizer "pensamento porta" ou "pensamento azul". A palavra "liberdade" entendida como liberdade individual vinha simplesmente substituída pela palavra apologia (crime de pensamento).

Como na novela de Orwell uma nova linguagem, a linguagem politicamente correta, vem sendo lentamente introduzida na sociedade. Aqueles que realizam este processo podem ser identificados e são os intelectuais próximos ao poder, a inteligência do estado, os burocratas. Este não é um processo piramidal que no vértice podemos encontrar um "Grande Irmão" orwelliano. Ao contrário, como o próprio Orwell revela no último capítulo do seu livro, o grande irmão não existe. O grande irmão coincide com o sistema.

E assim que vemos estes intelectuais se "rebaixarem" frequentando transmissões televisivas de baixo teor cultural (mas com grande público) para ensinarem que existem novas palavras para definir aquilo que nos rodeia, palavras aprovadas por burocratas estatais, palavras que quando usadas não agridem os outros.

Não devemos dizer aleijado, mas deficiente. E então pessoa com necessidades especiais. Não se pode dizer preto, mas sim negro, e nem isso, devemos dizer afrodescendente. A burocracia nos impõe uma teia de palavras destinadas a enfraquecer, amaciar, amolecer, tornar vago o significado das palavras. Em seguida a empregada se torna uma secretária do lar, a escola torna-se um instituto de educação, os impostos sobre a televisão se tornam uma taxa de licença. São palavras que tem em si um significado e que tornam impossível a contestação.

Se quisermos sustentar um argumento como "A escola não é educativa" hoje ainda temos como expressá-lo. Mas, e amanhã? Faria algum sentido dizer "A instituição educacional não é educativa"? Se quisermos dizer "este deficiente não está apto para o trabalho" hoje ainda podemos dizer. Amanhã seremos forçados a dizer" este sujeito com necessidades especiais não está apto para o trabalho". Como podemos dizer que "o trabalho socialmente útil é inútil" se a definição de útil já foi dada incorporando-a ao substantivo? Como podemos dizer que a função da prisão não é reeducar, mas de obrigar o condenado a ressarcir, se tivermos que dizer "instituição de reeducação" ao invés de "prisão"?

Já não é possível ter opiniões próprias. Estas são julgadas como comportamento. Por exemplo, o código penal Europeu prevê o racismo e a xenofobia como crimes, entendendo por racismo e xenofobia "a crença de que uma pessoa é diferente da outra por pertencer a um grupo étnico, religioso ou social". Além do fato de a xenofobia ser uma fobia, um distúrbio psicológico e não um crime, as leis desse tipo fazem com que uma pessoa possa ser incriminada apenas por ter expressado a sua opinião, sem jamais ter agredido ninguém, ou, se um dia inventassem uma maquina que lesse os pensamentos, apenas por ter pensado de modo racista.

O politicamente correto é talvez a arma mais sutil da máquina estatal, uma arma oculta que, dia após dia, nos priva da possibilidade de nos defendermos. E se o politicamente correto é a arma do estado, o meio, a mão que a segura é a educação cívica.

4
O Que É a Educação Cívica?

"Um idiota é um idiota. Dois idiotas são dois idiotas.
Dez mil idiotas são um partido político."
– Franz Kafka

O estado forja as novas gerações para o cultuarem. As escolas ensinam o que pode ser chamado de educação cívica, onde os jovens cidadãos aprendem os princípios da constituição e das leis. É evidente que a educação pública vai ensinar aquilo que sirve ao estado. A ideia que tentam impingir aos estudantes é a de que o estado é bom, faz o bem e que nunca se engana. Que se existem erros eles são sempre culpa de indivíduos isolados, mas que o sistema em si é bom. Não pagar os impostos se torna crime quando você omite a parte de que estes são "impostos". Amar a pátria se torna um dever cívico, sem dar os elementos para julgar esta "pátria". A escola pública é algo que o estado jamais renunciará porque permite o controle da sociedade.

O estado ainda utiliza símbolos para garantir que a adoração do "deus estado" atinja seu ápice. Heróis de guerra, bandeiras e hinos nacionais, figuras institucionais, honrarias e até mesmo os heróis do esporte são símbolos que ajudam neste processo. E não é por acaso que os crimes que o estado pune com mais severidade são os crimes contra o próprio estado. O desrespeito à bandeira e às instituições, a insubordinação e a violência contra funcionários públicos, associações subversivas, violações de segredos de estado, e similares, são todos crimes que são punidos com maior severidade que os crimes cometidos contra os indivíduos.

Existem alguns comportamentos que, se objetivamente não são considerados crimes, são estigmatizados a tal ponto que a opinião pública torna algo execrável. Não votar se torna algo gravíssimo porque se ofendem os milhares de mortos que lutaram pelo direito ao voto. Ou se utilizam da acusação que parece ser a mais infame, a demagogia. É demagógico dizer "os políticos são desonestos", ou então dizer que "o estado é ineficiente", é demagógico dizer que "no Brasil não há justiça'. Obviamente que deixa de ser demagogia quando a direita diz "abaixaremos os impostos" ou a esquerda diz "teremos melhores serviços".

Mas o clímax da doutrinação do estado se obtém com o financiamento à cultura. Todas as democracias liberais, mas em particular a brasileira, financiam de varias maneiras os trabalhos de "interesse cultural".

5
O Que é a "Cultura de Regime"?

"A moda assim como determina o agradável, determina o justo."
– Blaise Pascal

Por "cultura de regime" entendemos todas as atividades culturais (impressas, cinema, teatro etc.) que são financiadas pelo estado porque este as considera "cultura". Não é cultura então aquilo que as pessoas buscam livremente no mercado, mas é cultura aquilo que o estado decide.

Em primeiro lugar devemos observar a discrição que existe na aplicação deste processo de financiamento destas obras "culturais". Necessariamente cada ser humano terá um conceito diferente de bonito e feio, de útil e inútil. Portanto as obras culturais que são financiadas pelo estado corresponderão ao gosto do burocrata (ou grupo de burocratas) que assinou a autorização do financiamento. Mais frequentemente as obras financiadas pelo estado serão aquelas que forem consideradas em conformidade com as ideias da maioria no governo do momento.

Não permitir que o mercado escolha quais são as melhores obras e quais as piores significa fazer o mesmo erro que se faz numa economia planificada: abandonar o sistema de preços e consequentemente diminuir a eficiência do sistema (ou seja, a felicidade dos cidadãos). Por exemplo, os espetáculos de teatro mais populares são obrigados a aumentar o preço dos seus bilhetes devido à concorrência desleal que sofrem pelos espetáculos financiados com o dinheiro público por locação de teatros, mão de obra, atores etc.. Não é necessário dizer que essas ideias são divulgadas com o dinheiro de todos. Seja daqueles que concordam com estas ideias (mas que também não estão dispostos a financiar a cultura de regime), seja daqueles que não concordam com elas. O resultado é que se acaba por financiar uma elite de intelectuais (super bem pagos) com o dinheiro de todos (inclusive e principalmente dos mais pobres).

Finalmente podemos tirar as conclusões que seguem simplesmente a lógica de mercado. Os financiamentos públicos muitas vezes (sempre?) acabam por premiar os piores produtos (ou seja, aqueles que o público, se tivesse que pagar o bilhete, não escolheria). O que resulta por reduzir o nível de qualidade das produções nacionais. Onde a cultura não é financiada por recursos públicos temos os melhores jornais, as melhores produções cinematográficas, os melhores espetáculos teatrais etc.. E isto acontece não só para as chamadas produções comerciais, mas também para as produções ditas independentes que atendem a um nicho de mercado.

Mas o estado não quer apenas dizer o que podemos ler nos jornais, ou o que ver no cinema. O estado quer ir mais longe. O estado quer entrar na nossa casa para poder julgar o que podemos ver na televisão, se é bom ou não fumar, se certo comportamento sexual é justo, quais as substâncias que podemos ou não consumir.

6
O Que é o Estado Ético?

"O verdadeiro egoísmo não consiste em viver como desejamos, mas na exigência de que os outros vivam da maneira que nos agrada."
– Oscar Wilde

A palavra educação está muito na moda hoje para os estados. Educar os cidadãos, os jovens, as massas a se comportarem corretamente. E, obviamente, tudo é feito para o cidadão, para o pobre cidadão que não tem capacidade de compreender o que é bom ou ruim. O pobre ignorante do cidadão (que se torna inteligente quando se trata de um eleitor) deve ser seguido por todas as partes, passo a passo, como faria uma mãe com seus filhos. Tudo é feito pelo nosso bem.

E é o estado babá que nos assusta.

O estado, os políticos, parecem dizer "Você não sabe o que é bom para você...você não tem capacidade de entender. Eu sei o que é bom para você. Deixe que eu penso por você, não precisa se preocupar...". Obviamente, com o nosso dinheiro.

Assim nascem as leis contra o fumo, contra as drogas, contra a pornografia, a censura prévia e as leis contra a prostituição. O estado não apenas reivindica o direito de decidir o que é legítimo e o que é ilegítimo, mas transforma aquilo que é imoral para a maioria em ilegal. A moral de estado substitui a moral pública, que é aquela que nasceu naturalmente da convivência entre os indivíduos após milhares de anos, e é institucionalizada (ou seja, imposta).

Mas, há uma questão ainda mais grave. Se não gostamos do estado por sentirmos a sua presença imposta, quando o estado se torna um estado ético a situação fica ainda pior. Ele não apenas impõe as obrigações e punições, mas ele o faz apenas para certo conjunto de indivíduos. E, por outro lado, concede privilégios a outros.

Na Itália, por exemplo, país católico, existe uma concepção de família muito forte, pelo menos no nível das leis. O estado tende então a privilegiar casais casados no civil (com auxílio para adquirir uma casa, desconto sobre impostos,..) enquanto não garante os mesmos privilégios aos casais que simplesmente moram juntos. Obviamente que a consequência disso é que os casais heterossexuais e homossexuais exigem o reconhecimento da "coexistência de fato" (algo como o concubinato no Brasil) para terem direito aos mesmos privilégios. Entretanto, obviamente se fossem concedidos, em poucos anos teríamos outras formas de "casais" (estudantes que dividem um apartamento, colegas de trabalho) que exigiriam os mesmos privilégios. Ao ter decidido o que é bom e o que não é (neste caso o matrimônio heterossexual) o estado produz efeitos nefastos que do ponto de vista lógico (e econômico) não podem ser contestados.

Novamente a aplicação dos direitos de propriedade se demonstra a melhor solução para regular as relações entre indivíduos, melhor porque não é escrava de visões éticas que por definição são sempre parciais.

7
O Que é a Burocracia?

"A única coisa que se salva da burocracia é a sua ineficiência.
Uma burocracia eficiente é a maior ameaça à liberdade."
– Joseph R. Mc Carthy

O sistema responsável por operar a maquina do estado é a burocracia. Burocracia (literalmente, o poder do escritório) é o termo para os procedimentos pelos quais o estado controla a si próprio.

O termo se refere ao mesmo tempo às leis, aos processos, às pessoas e de certa maneira ao próprio sistema que nos deparamos cotidianamente. Quem quiser fazer valer um direito, ou requisitar um serviço, qualquer um de nós, pelo menos uma vez na vida, dá de encontro com a burocracia.

Uma verdadeira parede de borracha na qual os cidadãos têm esbarrado por causa da morosidade, ineficiência, arbitrariedade e muitas vezes da corrupção. As normas se contradizem entre elas, os órgãos ficam "passando a bola" uns para os outros, os erros e acertos se apagam nas formalidades, as leis se acumulam sobre outras leis, o tempo se cristaliza nos corredores dos ministérios. Funcionários corruptíveis e corruptos convivem com as pessoas decentes que cujo único crime é fazer parte de um sistema podre. Todos sabem apenas aquilo que é peculiar da sua função. Cada funcionário público se limita a colocar o seu carimbo, a sua marca, a verificar o seu trecho do procedimento. Nenhum é capaz de avaliar o sistema, de contrastar a morosidade, de demonstrar as falácias. Assim segue, dia após dia, cercado, de uma parte e de outra por vidros cada vez mais opacos e espessos, falando com microfones que não funcionam, gritando de raiva daqueles que não compreendem porque lhe foi requisitado aquele certificado, aquele carimbo, aquele documento. E o sistema prossegue, como um rolo compressor, porque "o sistema não pode se enganar".

A consequência mais grave desta situação, além das invasões aos diretos, da discriminação, dos privilégios e da corrupção, é que ninguém é culpado de nada. Cada funcionário "apenas carimbou", "apenas protocolou a pratica", "apenas executou uma parte do procedimento". O sistema como um todo e nas suas engrenagens individuais, é desresponsabilizado. O cidadão se encontra impotente, diante de um vidro de chumbo, mandado de uma parte à outra com um pedaço de papel na mão, a encontrar tal repartição ou tal formulário. Esta burocracia é na verdade um imposto mascarado de serviços. Na verdade o sistema pelo qual uma repartição exige que o cidadão obtenha um certificado (pago) na repartição ao lado é um imposto. Um imposto dos piores, porque, por uma quantia pequena, rouba o nosso tempo, estraga o nosso espírito e nos lastima na alma.

Outra consequência da burocracia é a falta de certeza de seus direitos. O cidadão nunca tem certeza de ter cumprido todas as suas obrigações, jamais sabe se cumpriu todas as normas, se possui todas as certificações e autorizações necessárias. Isto faz do cidadão uma fácil presa dos funcionários públicos que desejam achacá-lo ou que querem exercitar os seus poderes sobre ele.

O estado brasileiro custa aos cidadãos brasileiros cerca da metade de tudo aquilo que produzem. A ineficiente máquina burocrática, mais do que para "produzir serviços", parece ter sido criada para fazer assistencialismo para os funcionários públicos (e seus familiares) e sustentar os dirigentes públicos. Os parlamentares brasileiros estão entre os mais bem pagos do mundo. O Palácio da Alvorada nos custa quase o mesmo que custa aos ingleses o palácio de Buckingham. Os funcionários públicos têm privilégios que os cidadãos jamais sonhariam. Enfim, metade do país vive em função do trabalho da outra metade.

Assim vai surgindo um novo significado para a expressão "luta de classes". Não mais a falsa luta entre patrões e empregados, mas produtores (aqueles que produzem bens e serviços e que agregam valor no livre mercado) contra uma classe de parasitas que não faz nada além de engolir os recursos que os outros criam.

E quando se encontra diante da maquina estatal, de nada adianta fugir. O estado tudo vê e tudo pode. O estado está acima da lei e muitas vezes ele não se limita a inventar leis absurdas contra o direito de propriedade e contra o bom senso, mas é incapaz de aplicá-la com objetividade, arrastando o cidadão para um vórtice de arbítrio e corrupção.

8
O Que É a União Europeia?

> "Três homens estão num barco. Um rema. Num dado momento ele para e se volta para os outros dois com estas palavras: "Me desculpem, mas por que vocês também não remam um pouquinho. ?". Eles sorriem e lhe respondem: "Nós já votamos. Mas se você quiser nós podemos votar uma segunda vez."
>
> \- Autor desconhecido

A União Europeia, uma federação de estados no papel, pode ser vista com um grande estado. Esta tem os mesmo defeitos de um estado nacional, mas, se é que é possível, ainda mais acentuados. A União Europeia não foi requerida pelos cidadãos, mas pelos burocratas dos estados que a compõe. O princípio que diz que os cidadãos deveriam se autogovernar é ainda mais desrespeitado por que as autoridades que impõem a soberania se encontram ainda mais "longe deles". Ao invés de trazer o estado ao cidadão ela o coloca numa posição ainda mais inatingível, eles escondem-se no palácio do poder de Bruxelas.

E ainda indecisos de como exercitar seus poderes sobre os cidadãos, ainda formalmente delegados aos poderes políticos das nações, a Europa afoga os seus instintos com um hipertrofismo legislativo, regulamentando cada atividade com "tabelas oficiais" de produtos comerciáveis. Estabelecendo assim o tamanho da abobrinha, a cor do nabo, o número de sementes nos morangos. Os produtos que não atenderem as exigências mínimas não podem ser comercializados. Desta maneira proíbem produtos que existem a centenas, senão milhares, de anos apenas por não respeitarem normas oficiais de higiene (como o "formaggio di fossa" ou a pizza assada no forno à lenha) favorecendo assim grandes grupos de distribuição de alimentos.

Um exemplo de todas as catastróficas consequências da política econômica europeia, planificada de cima para baixo e imposta aos cidadãos, se encontra na Política Agrícola Comum (PAC). Os agricultores europeus (5% da população europeia) são financiados com o dinheiro de todos os demais europeus (cerca de 100 milhões de euros por ano – dados de 2005) e ao mesmo tempo seus produtos são protegidos da concorrência com taxas e normas. As consequências desta atitude são basicamente três:

1) Os agricultores não tem nenhum interesse em melhorar suas técnicas de produção ou em diversificar seus produtos, talvez com produtos mais adequados ao clima europeu. Eles podem se dar ao luxo de produzir pouco e mal, por que sabem que seus prejuízos serão absorvidos pelo suporte que ganham dos europeus (subsídios).

2) Os consumidores encontram nos seus mercados apenas produtos europeus. Quando encontram produtos de fora da comunidade europeia estes vêm tão sobrecarregados de impostos e normas que o tornam muito mais inconvenientes que os primeiros.

3) Os povos vizinhos (como os da África ou Ásia) não conseguem vender os seus produtos na Europa e os cidadão europeus ainda são conclamados por intelectuais e artistas a "reduzir a dívida" dos países pobres.

Vejamos na prática (os números são apenas ilustrativos).

Para cultivar uma banana na Espanha você precisa de R$1,20, na África de R$0,40. Na Europa o produtor gasta R$0,70 na produção e os outros R$0,50 são gastos pela comunidade europeia (com os nossos impostos). A banana é vendida no mercado então por R$1,00. O produtor poderia vender a sua banana no nosso mercado por R$0,60, mas devido aos impostos e taxas a banana chega ao nosso supermercado a R$1,10. Isso acontece para que o consumidor compre a nossa banana que custa menos à primeira vista, mas que na realidade só chega ao mercado com este preço porque é subsidiada com os impostos. Não apenas esta banana provavelmente terá uma qualidade inferior (porque na Espanha, por exemplo, cresceria melhor um figo), mas o consumidor se verá no dever de financiar (com impostos ou contribuições voluntarias) o cancelamento da dívida dos países africanos, débitos que eles provavelmente não teriam se tivessem a liberdade de comercializarem seus produtos na Europa.

A economia europeia, com a União Europeia, ao invés de acelerar, desaqueceu. Hoje (2005) a Europa tem o dobro de desempregados que os Estados Unidos e a introdução do Euro só fez a Europa mais pobre. Em muitos países não foi feito um plebiscito para perguntar aos cidadãos o que eles achavam da moeda única, e nos países que ele foi realizado o Euro perdeu ou ganhou por uma margem muito pequena.

Nos Estados Unidos o governo federal é uma concessão dos cidadãos de cada estado. Na Europa ao contrário a perda da soberania dos cidadãos vem imposta de cima. Os cidadãos tem que eleger partidos europeus que, porque devem responder a um quebra cabeça de partidos nacionais, não tem e não podem ter um programa definido. São criadas Cartas de Direitos que tem um único fim, uniformizar os cidadãos, ou melhor, súditos. Da Suécia à Itália, de Portugal à Estônia, os cidadãos devem ser todos iguais e não se deve levar em conta as diferenças históricas, culturais e tradicionais dos povos. Os direitos coletivos atropelam os direitos individuais (exatamente inverso à constituição dos Estados Unidos). Um mandato de prisão europeu permite que um tribunal de outros pais (com as regras e leis daquele país) ordene a detenção de um cidadão de outro estado.

Antony Jay (criador da série *Yes Minister*) chega à Europa e diz: ”... *colocamos lado a lado uma Gargantua fiscal e um Frankenstein político e os colocamos para trabalhar na Torre de Babel...”.*

9
O Que São as Desapropriações?

"A Justiça não existe onde não há liberdade."
– Luigi Einaudi

A abominação resumida na frase "O que a maioria decide é legítimo" (em contraste com o mais correto "O que não viola a propriedade de outro é legítimo") se manifesta com toda a sua violência no direito civil, com as propriedades imobiliárias. A propriedade das terras, fundamental e inviolável direito dos homens perdendo apenas para o direito à vida, é violada como se nada fosse frente à massa ignorante e, ao mesmo tempo, impotente.

A concepção que o estado tem da propriedade (isto vale, sobretudo aos países Europeus) é que a propriedade é "garantida pelo estado". Ela não é "protegida pelo estado", mas "garantida". A diferença entre os dois termos não é sutil como parece. A propriedade não existe por si só, não é algo natural, algo que existia antes do estado. Não. A propriedade só existe porque o estado existe. Só porque o estado aceita que o indivíduo a possua. Se, por exemplo, amanhã ganhasse a maioria absoluta um partido político que defende a abolição da propriedade privada (e, pasmem, eles existem!), a propriedade privada desapareceria instantaneamente. Hoje ela é, no melhor dos casos, uma concessão da maioria.

Enquanto as democracias de inspirações anglosaxônicas (Inglaterra, Estados Unidos etc.) tem a propriedade como algo anterior ao estado, algo que o estado deve defender e não conceder, na Europa (particularmente na Itália) é o contrário. No caso dos imóveis o ultraje vai contra a razão. O estado ("pelo bem da coletividade") pode realizar o ato supremo, o maior crime. A desapropriação.

O cidadão vítima da desapropriação não possui nenhuma arma contra o estado. Não pode se opor. Quando o meio é "a coletividade" não há defesa. O direito de propriedade é pisoteado pela lei que estabelece unilateralmente a obrigação de vender, o preço e quando esta transação deve ocorrer. Ao proprietário (agora ex- proprietário) não resta mais nada a fazer que esperar que o estado respeite suas próprias leis. Mas isto quase nunca é feito por parte do estado (obviamente!). Imagine se você pudesse ir ao mercado e impor o preço ao comerciante, e pudesse comprar uma lagosta por 20 centavos! Seria maravilhoso! Claro, o estado faz exatamente isso. Precifica a propriedade por uma fração do real valor de mercado (a não ser quando a vítima é um dos amigos do rei) e paga com anos de atraso. E o cidadão é completamente desprovido de defesa diante disto.

10
O Que São os 'Impostos"?

"Falando em política... tem alguma coisa para comer?"
– Totó

Com o termo "imposto" queremos dizer geralmente qualquer pagamento obrigatório pelo qual existe (ou deveria existir) um serviço correspondente. Eles são, na verdade, uma imposição coercitiva, forçada, violenta sobre as propriedades dos indivíduos. Tanto são assim que alguns mantêm o nome "honesto" de impostos, mostrando assim que são imposições. Do ponto de vista do respeito à propriedade privada e da liberdade individual o imposto é roubo. Impostos são apropriações indébitas da propriedade dos indivíduos (na maioria das vezes) sem o seu consentimento. O fato de às vezes vir ofertado um serviço em troca (serviço escasso e de qualidade deplorável) não muda nada a respeito da ilegitimidade deste ato. São perfeitamente equiparáveis à propina exigida pelos mafiosos ou a um assalto à mão armada. O estado simplesmente se pode dar ao luxo de não matar por que possui sua polícia, suas prisões e o seu judiciário.

O estado já inventou os nomes mais fantasiosos para mascarar este roubo: taxas, contribuições, tributos, tarifas, programas, financiamento, fundos e similares. Muitas vezes os impostos se escondem atrás de serviços (inúteis ou não requisitados) como certificados, documentos, avaliações, comprovantes de idoneidade, inspeções sanitárias, todos obrigatórios e que os cidadãos devem se sujeitar se quiserem trabalhar e viver em paz.

Querer passar uma lista completa dos impostos aos quais está sujeito um cidadão brasileiro, além de uma empreitada inalcançável, seria também causa de danos à saúde mental do que vos escreve, portanto nos limitaremos a afirmar que eles são muitos e que abrangem todas as áreas da vida social. Alguém mais corajoso calculou, por exemplo, que aquele que deseja gerir um bar poderia ter de arcar com cerca de 100 diferentes impostos (CNPJ, IPTU, PIS, ICMS, alvarás, ECAD etc.).

Entre os principais impostos encontramos o imposto de renda sobre a pessoa física (uma porcentagem dos ganhos dos empregados da iniciativa privada ou do estado, dos empreendedores e profissionais liberais). Este imposto é caracterizado pelo critério de proporcionalidade. Em suma, o critério, traindo seu nome, não estabelece que cada um pague proporcionalmente à sua renda, mas esta proporção sobe de acordo com o aumento da renda. Uma proporção elevada ao quadrado. Exemplificando, quem ganha 100 paga 25, quem ganha 1.000 não paga 250, mas 330, e assim vai. Limitamos-nos aqui a enfatizar o quanto este sistema desestimula fortemente qualquer tentativa de melhorar sua posição econômica.

Vamos falar sobre o imposto sobre consumo, o IVA, que é comum em países da Europa, como a Itália. Este imposto consiste numa porcentagem (na Itália é de 20%) cobrada em cada bem ou serviço vendido ao público. Pelo simples fato de realizar uma troca, uma livre troca (não importa de que tipo), o estado pede a sua "propina" de 20%. Um automóvel que alguém compra por 12.000, poderia custar 10.000 sem o IVA. Com os 2.000 que teriam sobrado no bolso você poderia comprar algo que te faria mais feliz. Isto é, o sistema seria mais eficiente sem a intervenção estatal.

No Brasil muitos impostos vêm embutidos no preço final dos produtos, e por isso a maioria pensa que só paga imposto no imposto de renda, IPVA, IPTU e outros que vêm explícitos, mas, ao comprar qualquer coisa, a quantidade de impostos que vêm incluídos chega a ultrapassar 80% em alguns itens.

Os impostos são a maneira que o estado tem de continuar a existir e cometer os seus delitos contra a vontade individual. O estado justifica esta imposição, que lembramos, é uma coerção, com um termo que talvez seja da Orwelliana Novilingua, com o qual nós libertários iremos nos deparar com alguma frequência. A *solidariedade*. Além do fato, não nos cansaremos de repetir, de que se colocarmos a liberdade individual em primeiro lugar, não podemos aceitar nenhum fim como superior à própria liberdade. Veremos a seguir no que consiste essa *solidariedade*, e como o estado faz para cumprir o seu papel por ele mesmo atribuído de prestador de serviços sociais.

Capítulo 4

Os Serviços Sociais

1
O Que São a "Solidariedade" e os "Serviços Sociais"?

"O estado é a grande ficção através da qual todos tentam viver às custas de todos."
– Frédéric Bastiat

Solidariedade, bem comum, assistência, serviços sociais... Estes são alguns dos nomes que são atribuídos aos serviços oferecidos pelo estado aos seus cidadãos. Quando se trata de contestar o papel do estado e a sua "não necessidade" cada libertário se encontra, cedo ou tarde, com a missão de enfrentar a questão dos serviços sociais. "O que fariam os pobres, os incapazes, os ignorantes num sistema de livre mercado, o *darwinismo social*?" é perguntado frequentemente.

Antes de responder ao argumento, se faz necessário estabelecer algumas premissas.

1) Em primeiro lugar o libertário não deve se questionar se a liberdade total cria por si só "um mundo perfeito" ou "um mundo melhor". O fim não é criar um mundo perfeito ou o paraíso na Terra. O libertário sabe que o paraíso na Terra jamais será possível porque os homens são imperfeitos. Mais ou menos capazes. Mais ou menos dispostos a ajudar o próximo. Mais ou menos egoístas. Os libertários não apenas reconhecem a grande diversidade entre os homens, mas faz desta o ponto de partida para orientar a sua filosofia.

2) O libertário não quer "salvar o mundo", mas "se salvar do mundo". Aqueles que tentaram, no passado, "salvar o mundo", que diziam conhecer a receita mágica para resolver os problemas da miséria, da guerra, dos conflitos entre os homens acabaram impondo a sua visão com a força e o resultado foi a criação de novos conflitos, novas guerras e nova miséria. Hitler, Marx, Stalin cada um tinha a "sua solução". Os Libertários pedem apenas para serem livres para se preocuparem apenas consigo próprios e com os seus entes queridos, com a própria força, sem pedir nada a ninguém e nem serem obrigados a dar nada a outros.

3) Já vimos que ninguém pode conhecer o valor exato dos bens e serviços por que este é definido apenas no instante que uma (livre) troca ocorre. Mas se um dia alguém inventasse uma maquina que fosse capaz de saber não só o preço exato de tudo, mas que soubesse o valor, que lesse na mente e no coração das pessoas, e que, do alto, planificasse o "melhor mundo possível", um mundo que fosse mediado da melhor maneira possível os desejos, aspirações e capacidades dos indivíduos... Este não seria um mundo libertário.

4) Para um libertário não existem serviços sociais e os serviços não sociais. Cada bem ou serviço é social na medida em que eles são necessitados pela sociedade, nem mais nem menos. Cabe ao mercado, os indivíduos livres, decidirem as prioridades dos serviços a serem adquiridos. Se para muitas pessoas um hospital é mais importante que um estádio, um salva-vidas mais que um celular, um livro mais que um CD de música, esta distinção é puramente convencional e do ponto de vista do mercado (lembramos, um mercado de pessoas livres) os produtos são todos iguais. Devemos notar também como as prioridades dos povos mudaram durante os séculos. Na Roma Antiga, por exemplo, um imperador que não fornecesse espetáculos circenses ao seu povo não tinha uma vida longa, enquanto hoje temos como um governo capaz, um governo que forneça saúde e educação aos seus cidadãos. Para a maioria islâmica um governo bom é um governo que faça respeitar os princípios do alcorão enquanto nos governos ocidentais na maioria dos casos é demandado um sincretismo religioso. E assim por diante. Neste livro falaremos de "serviços sociais" no sentido mais comum do termo, sem com isso querer justificar a distinção entre os serviços.

5) Muitas vezes, quando se fala de serviços sociais se fala de direitos. Estes "direitos sociais" são frequentemente confundidos com direitos naturais, algo completamente diferente. Os direitos atribuídos pela sociedade são direitos apenas enquanto a maioria (ou talvez um sistema totalitário) decidirem que sejam. Direito ao trabalho, direito à casa, direito à saúde, direito de greve são direitos falsos por que expressam reivindicações com base nos princípios gerais adotados por um governo anterior (que talvez possam ser cancelados pelo mesmo governo). Há, portanto uma forte distinção a fazer entre o direito de não ser agredido, por exemplo, e o direito de ter um trabalho, entre o direito de propriedade e o direito de greve. Se uma pessoa está morrendo de fome na nossa frente e temos um pedaço de pão, não podemos dizer que o esfomeado tem "direito" a qualquer pedaço deste pão. Nós podemos julgar moralmente o comportamento daquele que não oferecer seu pão, nós podemos considerar um ato injusto, anticristão ou antissocial, mas não podemos considerar este um ato ilegítimo.

Era necessário esclarecer possíveis mal-entendidos sobre os serviços sociais. Compreender como eles são comparáveis a todos os outros serviços, diferenciando-se talvez apenas por uma demanda maior, como eles não são direitos por si próprios e como não se pode medir um sistema social pela qualidade (subjetiva) dos serviços ofertados, mas sobre o grau de liberdade que este deixa aos seus indivíduos de fornecerem ou usufruírem destes serviços.

2
Como Funciona a "Solidariedade" do Estado?

"Agradecido o ladrão (o estado) que devolve às suas vitimas uma pequena parte do que lhes foi roubado, dessa maneira os súditos começam a ver no tirano uma espécie de benfeitor"
– Étiene de la Boétie

A palavra solidariedade é usada cada vez mais. Ela deriva da pratica de "pagar em sólido" (sólido=soldo= dinheiro) e indica a obrigação dos devedores de saldarem os próprios débitos. Embora disfarçada sob milhares de formas, a solidariedade, hoje entendida como uma contribuição para os mais pobres ou desafortunados, continua a ser (no sentido de solidariedade do estado) uma obrigação.

O estado, após ter justificado a sua existência com a defesa dos ataques externos e a criação de uma ordem interna para governar os conflitos entre os indivíduos, agora encontra uma nova função para se autoatribuir, a da solidariedade. Na verdade, esta função é cada vez mais vista como o papel central dos estados modernos. A questão da defesa se torna secundária enquanto o estado se torna "necessário" para que exista "uma sociedade mais justa" na qual "não haja diferença entre os indivíduos".

A solidariedade é, portanto uma desculpa para o roubo que é impetrado contra toda a sociedade. Às vezes o objetivo é o de uma equalização dos recursos, uma redistribuição que roube os ricos para dar aos pobres. Muitas outras vezes (mais do que se imagina) o objetivo é o oposto, de roubar os indivíduos mais distantes do círculo do poder (pobres ou ricos) para distribuir àqueles mais próximos.

De qualquer maneira se trata de um roubo (uma apropriação coercitiva dos recursos de alguns indivíduos) e o fato de que se possa compartilhar dos gastos do dinheiro roubado, não justifica o roubo.

A maior contradição que enfrenta o estado moderno para justificar sua existência como fornecedor de serviços sociais, é que este não se limita a fornecer (através do roubo citado acima) os recursos para que seja adquirido o tal serviço, mas ele próprio quer fornecê-lo. O estado não feliz em ser árbitro (por que regula todo o mercado) se torna também jogador. Torna-se ele mesmo um agente do mercado entrando assim em competição com as empresas privadas no fornecimento destes serviços.

Hoje, qualquer um de nós (tirando alguns que ainda defendem o modelo marxista soviético) acharia ridículo se o estado começasse a produzir celulares, televisores, pães, roupas e qualquer outro tipo de conforto que a sociedade pudesse necessitar. Sabemos agora, que o estado é ineficiente para fazê-lo por não responder à lógica de mercado (ou seja, pode se dar ao luxo de ter prejuízos) e que faria produtos que ninguém deseja, ou venderia bens abaixo do custo de produção, indo certamente de encontro à falência.

No entanto, para os serviços sociais, . muitas pessoas estão dispostas a abrir uma exceção. Elas aceitam não apenas que o estado nos roube para pagar serviços para os outros, mas aceitam até que seja o próprio a oferecer estes serviços, às vezes em regime de monopólio e outras vezes em regime de concorrência (desleal) com o setor privado.

Isto provoca três principais consequências:

1) A sociedade deixa de dar um valor ao serviço recebido. Estes de fato, se tornam "direitos", naturais, como o ar ou a vida. Esta confusão faz com que as massas se ressintam contra os "privilegiados" que, atribuindo um valor maior à sua própria saúde ou educação, não se conformam com os níveis mínimos oferecidos pelo estado e buscam serviços melhores no setor privado.

2) O setor privado sofre uma concorrência desleal por parte de estado. O estado é capaz de assegurar para si o mercado "mais interessante", a classe media-baixa, porque estas pessoas, uma vez subtraída a parte do fisco dos seus recursos, não possuem mais condições de buscar um serviço melhor (ou diferenciado) no setor privado. Devem se contentar com o estado que de fato se torna monopolista nesta faixa de mercado.

3) Uma vez que o sistema estatal é um sistema ineficiente (pelas razões já expostas: burocracia, planificação econômica etc.) fica claro que a principal consequência de um monopólio coercitivo na camada mais baixa do mercado seja um nivelamento por baixo dos serviços ofertados.

Algumas pessoas chegam a confundir a melhora efetiva das condições de saúde, de educação, de vida, dos homens modernos com o papel atribuído ao estado nos últimos séculos. Os dois processos são desconectados, estas melhoras se devem ao processo de pesquisa tecnológica e do desejo de inovação que sempre distinguiram os indivíduos livres. Eles às vezes fazem isto por dinheiro, às vezes por abnegação pessoal, mas todo o processo de livre comércio também contribuiu para melhorar a vida de todos nós.

3
Como Pode o Mercado Oferecer Serviços Sociais?

"A justiça social não deveria contradizer a justiça individual, nem na teoria e nem na pratica... É um tanto mesquinho me privar do fruto do meu trabalho para o benefício de outro que não suou o meu suor. Isto eu não considero justiça social."
– Walter Williams

Na realidade, o mercado pode oferecer tudo. O mercado, por definição, procurará sempre equilibrar a oferta com a demanda. Portanto, se houver uma demanda por um produto ou serviço, podemos estar certos que alguém em breve irá fornecê-los. Isto ocorre independentemente da quantidade de recursos dos indivíduos. Hoje podemos comprar um celular por R$50 ou por R$4.000, podemos comprar uma casa por R$50.000 ou por R$5 milhões. O mercado oferece todos os tipos de produtos, e mesmo os mais pobres, se deixados livres, vão encontrar produtos, que em relação aos seus recursos os satisfaçam.

Se, então, por livre mercado entendermos todos os possíveis significados de livre mercado, teremos surpresas neste sentido e veremos que existem associações de indivíduos livres que fornecem estes serviços gratuitamente (por espírito humanitário, pelo compromisso com a ética, pela moral religiosa, ou outras razões). Existem hospitais, escolas e asilos construídos pela igreja, existem associações que cuidam dos incapazes e outras que se preocupam com o ambiente. São sempre privadas também outras associações que se preocupam com os direitos humanos ou que fazem caridade. Sem entrar no mérito de cada crença religiosa ou da ética pessoal, é evidente como o privado, mesmo nos casos das organizações voluntárias, alcança melhores resultados junto ao público. De fato, cada entidade privada nasce para um fim bem específico. Irá trabalhar com todas suas forças neste sentido, por que o objetivo final está no “estatuto” da “empresa”.

Claro que o setor privado deverá poder agir num mercado verdadeiramente livre, caso contrario seu papel será sempre secundário, ele será obrigado a se dedicar a nichos de mercado deixados “livres” pelo estado, deverá se dedicar à faixa mais baixa ou às faixas mais altas, deixando de fora a melhor (por ser a maior e mais rentável, a média baixa). Relutante, o mercado se ocupa dos paupérrimos (através do voluntariado) e dos mais ricos (com serviços de altíssima qualidade) deixando a faixa de mercado que pertence à maioria de nós, faixa essa que o mercado voluntariamente ocuparia, mas não pode por culpa da concorrência desleal do estado e de seu monopólio legal.

Assim, a primeira vítima deste sistema é a classe média, ou seja, a maioria de nós. A maior parte das pessoas certamente teria dinheiro para buscar no mercado os serviços sociais que necessita, mas não pode se permitir a esse “luxo” após o pagamento dos impostos ao estado. É então forçado a recorrer ao estado, que se encontra no dever de responder à demanda dos serviços sociais, deixando, por exemplo, a apenas uma faixa de ricos a possibilidade de escolherem a saúde privada. Na prática, ao oferecer os serviços aos pobres, o estado se encontra forçado também a atender à classe média e média alta, que raciocinam mais ou menos assim: ”tendo em vista que pago impostos, nada mais justo que usufruir dos serviços estatais”.

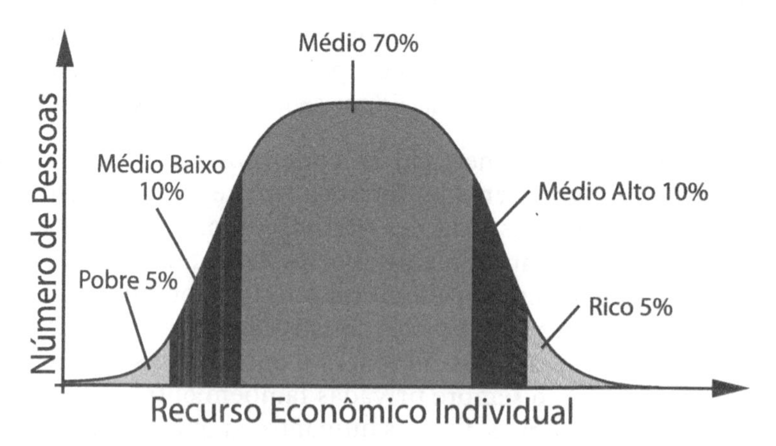

Figura 1: Distribuição da riqueza

Os recursos dos indivíduos num determinado contexto social são distribuídos segundo observa a curva de Gauss. Observando o gráfico notamos que grande parte das pessoas está alocada na classe média, por consequência, existem pouquíssimos muito pobres e muito ricos.

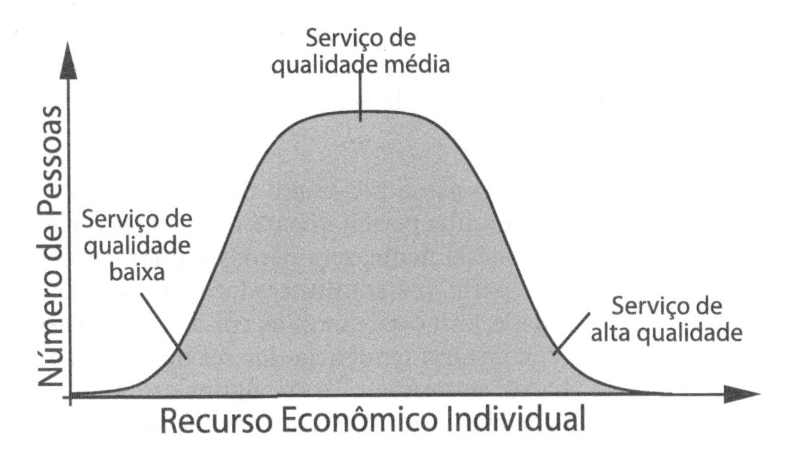

Figura 2: Serviços sociais oferecidos num livre mercado.

Em um livre mercado cada indivíduo encontrará os serviços sociais que pode pagar. De um nível baixo para os mais pobres até os de um nível altíssimo para os ricos. Basicamente o mercado se equipará para fornecer serviços à classe média, a mais consistente. Neste cenário acontecerá a batalha do mercado, gerando diminuição dos preços e aumento da qualidade. A tendência de melhora na oferta terá como resultado uma melhora nos serviços oferecidos do lado esquerdo da curva, que custarão menos e serão melhores.

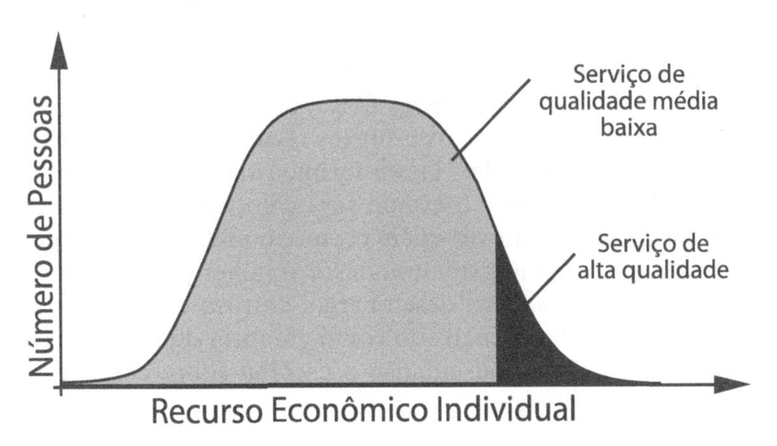

Figura 3: Serviços sociais oferecidos pelo estado.

Um sistema estatal de serviços sociais deverá lidar com as possibilidades econômicas da classe média alta. Apenas poucos poderão se permitir, após terem pagado os impostos, renunciar os serviços "gratuitos" e comprá-los novamente no setor privado. A maioria já tendo pagado os impostos decidirá usufruir os serviços do estado. Este se encontrará no dever de oferecer serviços a um número sempre maior de pessoas, mas com o mesmo dinheiro. Neste caso então a tendência é de um nivelamento por baixo dos serviços oferecidos.

Vale ressaltar que para o nosso raciocínio utilizamos um "estado perfeito". Um estado que saiba perfeitamente o que quer o cidadão, que seja administrado honestamente, sem perdas econômicas devido à burocracia, roubo por parte dos administradores, negociatas, corrupção etc... Na realidade, como sabemos, as coisas não são assim e facilmente podemos encontrar a tendência dos serviços não ao "médio baixo", mas ao "baixo" ao "escasso" e em alguns casos até mesmo ao "nulo". Em poucas palavras, se nos estados que "funcionam" como os países nórdicos, temos na melhor das hipóteses um serviço "médio baixo" se comparado com aquele que o mercado poderia oferecer, podemos entender que em países como o Brasil o resultado seja de serviços sempre piores.

A solução proposta por economistas liberais (não libertários), definindo o estado como um meio para distribuição dos recursos, prevê a criação de uma espécie de "voucher" para cada cidadão, para gastar onde ele ache melhor. Por exemplo, cada cidadão poderia receber anualmente um "voucher saúde" (idêntico no montante a todos os cidadãos e referente a quanto o estado hoje gasta per capta no fornecimento daquele serviço) para gastar na aquisição de serviços de saúde onde bem entendesse. Aqueles que quisessem os serviços estatais devolveriam os *vouchers* ao estado e continuariam com o serviço do mesmo. Alguns, ao invés disso, poderiam gastar os mesmo *vouchers* (talvez adicionando os próprios recursos) para adquirir uma assistência medica privada. Desta forma cada um poderá escolher por si a melhor solução e o estado será colocado em concorrência com o setor privado para ver quem oferece o melhor serviço por um preço menor. O mesmo princípio deste voucher pode ser utilizado para escolas, asilos, seguro desemprego, cultura etc... Na prática, neste modelo o estado é mantido como garantia de uma "igual distribuição", e é deixada ao cidadão a escolha sobre como gastar o dinheiro que lhe "pertence".

Os libertários, mesmo aqueles que acreditam que esta medida seria um passo na direção correta, não acreditam que esta medida seria suficiente, um fim, e creem que o objetivo deva ser a ausência total de um sistema de imposição de impostos.

4
Como Funciona um Sistema Social de Total Livre Mercado?

"Os libertários entendem tudo, menos as pessoas que não os entendem."
– Lenny Bruce

Muitas vezes os libertários são pressionados a hipotetizar o "mundo perfeito", uma espécie de sistema social libertário que atenda às demandas de 100% da população. Como dissemos este não é o papel da filosofia libertária, que propõe a liberdade individual e o direito de propriedade como pontos de referência de sua ideologia, sem necessariamente ter que criar critérios de "justiça social". Não pretendemos fugir desta que entendemos ser uma legítima dúvida dos leitores, ou seja, de demonstrar que um sistema de mercado totalmente livre, sem nem ao menos um estado que se preocupe apenas em distribuir os recursos sem ofertar os serviços (como a proposta citada acima), os mais pobres estariam bem melhor, ou no mínimo não piores que hoje.

Primeiramente precisamos compreender o que é a pobreza. Por pobres entendemos indivíduos com recursos econômicos que chegam a garantir-lhes um nível de vida mínimo em relação a um determinado contexto social. Isto significa que ser pobre depende do contexto social. A curva de Gauss que vimos anteriormente (Fig. 1) mostra como são distribuídos os recursos mediante qualquer contexto social. Isto significa que na África teremos os 5% de pobres da mesmíssima maneira que na Europa. Será, obviamente, um tipo diferente de pobreza. Ser muito pobre na África significa morrer de fome ou de doenças, enquanto na Europa significará apenas não ter uma casa ou uma muda de roupas. A curva de Gauss pode ser aplicada a uma distribuição aleatória de riquezas. Haverá sempre por volta de 5% muito pobres e 5% de muito ricos. Isso não podemos evitar.

O que podemos fazer é permitir que um sistema social aumente os seus "níveis mínimos de pobreza". Ou seja, nós podemos levar a África ao nível da Europa, a Europa a um nível mais alto e assim por diante. Em suma, se todos se tornam mais ricos, até os pobres se tornam menos pobres. Haverá sempre uma parte da sociedade muito pobre em relação à outra parte, mas haverá sempre um padrão de vida mais elevado.

Como obter este aumento de riquezas para todos? Certamente a solução é tornar o sistema econômico mais eficiente e isto, como já vimos, só pode ocorrer com a ausência de coerção externa, ou seja, com a ausência do estado.

Em um mundo sem estado, os indivíduos teriam a responsabilidade pelas suas próprias vidas completamente em suas mãos. Não seria necessário pedir uma licença antes de iniciar um negócio, não haveria exames a fazer nem concessões estatais a pedir. O mercado seria muito mais dinâmico, e novos atores poderiam entrar qualquer dia. Também os pobres teriam a possibilidade de participar do mercado, "inventando" serviços ou produtos para oferecer. Vejamos o exemplo dos vendedores de semáforos, ou dos lavadores de vidros (ambos na teoria proibidos, mas na prática são tolerados pelo estado). Os pobres se empenham, inventam novos serviços, buscam da maneira que podem soluções para que possam arrumar o seu sustento. E, se deixados livres, eles conseguem!

Outro papel importante é cumprido pelo voluntariado. Na história, sempre foi o voluntariado que se ocupou da face mais frágil da sociedade. Às vezes este voluntariado foi toda uma comunidade (as famílias, o vilarejo), outras vezes instituições privadas como a Igreja. Não se pode negar o fato da Igreja ter desempenhado um papel fundamental no mundo ocidental, e não contando com os objetivos éticos que não queremos comentar aqui, e até mesmo a Igreja (como qualquer outro indivíduo ou empresa) teve o seu lucro, em milhões... de almas convertidas. Da mesma maneira, há hoje, na era da comunicação global, outra razão que pode levar uma entidade privada a desejar financiar iniciativas de caráter social, o patrocínio.

Cada vez mais, encontramos exemplos de empresas privadas que, na busca por seus próprios interesses, acabam por atender aos interesses da sociedade. De um estado que rouba de quem produz mais para dar aos pobres encontramos em contraste empresas privadas que dão aos pobres para produzirem mais. Alguém talvez vá tentar julgar esta ação do ponto de vista ético, mas, na verdade, não é diferente de nenhuma boa ação que realizamos por que nos faz mais felizes, nos deixa mais realizados. Existem muitos exemplos destas empresas: SBT (Teleton), Globo (Criança Esperança), Vale (ambiente, educação, esportes), Gerdau (Canal Futura, Biblioteca Ativa, ambiente), entre muitos outros. Às empresas convém serem solidárias e oferecerem estes serviços gratuitamente à sociedade por que isto se traduz num forte retorno de imagem, igual ou superior àquele que teria tido se simplesmente tivesse feito um anuncio.

A seguir escolhemos analisar em detalhes alguns dos serviços mais requisitados pelos cidadãos e que são por isso considerados essenciais, e veremos como o livre mercado pode responder à demanda por serviços de: escola, saúde, previdência e infraestrutura.

5
Por Que Privatizar a Saúde?

"O controle da produção de riqueza equivale ao controle da própria vida humana."
– Hillaire Belloc

Em algumas democracias modernas a saúde representa a maior despesa do estado. Gradualmente nos séculos o papel do governo se modificou e as despesas em defesa caíram enquanto as despesas nos serviços subiram, e a saúde pública no topo destas despesas. E ela é um forte meio de controle de massas.

Para que se aceite que o estado deva cuidar da saúde dos cidadãos, se faz necessário aceitar que o estado imponha certo modo de vida para eles, com um argumento que pode ser resumido assim: "Se o seu tratamento de saúde é às minhas custas então você deve se comportar como eu digo". Peguemos como exemplo a obrigação dos motoristas utilizarem cintos de segurança. De nada vale a alegação do motorista libertário ao dizer "Se eu me machuco o problema é meu!". Por que na verdade, ele, como todos os outros, tem a sua saúde tutelada pelo estado, e o fato dele pessoalmente aceitar os riscos não o exime de ter que responder às despesas que o estado faz para a "sua saúde". E este é o grande problema. Se aceitarmos que existe uma saúde pública teremos sempre um estado que, com esta desculpa, queira impor um modelo de comportamento.

O cinto de segurança, o capacete para as motos, o fumo em lugares públicos, e em breve a obesidade. Provavelmente um dia, porque todos os anos morrem mais vitimas de gripes e resfriados que de acidentes de carro, te obrigarão a usar uma malha de lã no inverno, e talvez o policial te pare na rua pedindo que você mostre a tal malha. Ou ainda, seremos obrigados a fazer exercícios físicos logo pela manhã (como no livro *1984* de George Orwell, ou durante o regime fascista na Itália). Se aceitarmos o principio de que existe uma saúde pública, devemos necessariamente definir o estado como uma mãe que diga "Já que vive sobre o meu teto deve fazer o que eu digo". Não podemos nos esquecer de que os nazistas se orgulhavam de terem um regime com uma saúde primorosa.

Se quisermos liberdade, devemos poder escolher um seguro médico privado com o qual poderemos assumir compromissos contratuais que envolvam o nosso comportamento, mas sem sermos compelidos a aceitá-los. Haveriam então, seguros menos ou mais caros, dependendo de como alguém dirige o automóvel, se fuma ou não, ou se se envolve em atividades de risco como paraquedismo ou rapel.

E o mercado irá incorporar estes custos, por exemplo, o custo de um edifício será mais alto porque incluirá gastos mais altos com os operários que, por sua vez, deverão pagar mais caro pelos seus seguros. Isso não quer dizer que hoje estes custos não existam, é que hoje não os notamos por que são pulverizados nos impostos de todos. O fato de que hoje os operários sejam segurados pelo menos custoso (nem sempre) INPS significa apenas que hoje o empreendedor constrói com menos dinheiro por que uma parte dos custos com seguros (médicos ou contra acidentes) recaem sobre toda a sociedade, e não apenas sobre ele ou aos seus clientes. Na prática, no sistema de hoje, são os pobres que pagam para os ricos economizarem.

Não apenas uma saúde privada é mais eficiente, como também, de um ponto de vista de igualdade, pode ser considerada mais justa. Os críticos do sistema de saúde privado citam como exemplo os Estados Unidos, dizendo que o sistema de lá "não funciona". Apesar do fato de que o sistema de lá funciona muito melhor do que percebemos daqui do Brasil, devido ao condicionamento da mídia parcial, não podemos negar que o sistema americano seja um sistema imperfeito. Os limites deste sistema, no entanto são explicados pela parte pública e não por aquela do mercado. Nos Estados Unidos a saúde privada cobre apenas 40% do mercado e se confronta com o sistema público que não cobre os 60% restantes. Como vimos anteriormente a concorrência desleal por parte de uma entidade que não respeita as lógicas de mercado (o estado) leva os concorrentes privados a atenderem nichos de mercado. Neste caso as empresas de saúde privadas americanas focam na classe média alta do mercado. Este desequilíbrio leva a uma nítida divisão de classes que, ao invés de manter a distribuição dos serviços média como na curva de Gauss, vem a formar uma distorção na curva com uma multidão de pessoas que não tem acesso aos serviços de saúde mínimos. Na realidade se quisermos hoje encontrar o sistema de saúde que mais se aproxime (mas ainda não ideal) do modelo libertário, devemos voltar nossos olhares para a Suíça.

O estado suíço em média (a Suíça é dividida em cantões, estados com políticas fiscais completamente diferentes, então temos que analisar na média) custa aos seus cidadãos "apenas" 13% do PIB (enquanto no Brasil está quase ultrapassando os 50%). E isto ocorre por que a maior parte dos serviços é privatizada. Apesar de obrigar os cidadãos a terem seguro, o estado os deixa livres para escolherem o seguro de saúde que mais se adéqua às suas exigências. Muitas vezes todos os trabalhadores de uma empresa utilizam o mesmo seguro privado por que normalmente existem acordos entre as empresas e as seguradoras para obterem descontos e os funcionários ainda tem o conforto de terem o seguro descontado diretamente do salário, se quiserem. Tendo que responder ao mercado as seguradoras ofertariam (e de fato oferecem) um serviço melhor, se filiando a hospitais melhores e mais eficientes. De fato se os empregados de uma companhia não estivessem contentes com o seguro médico da empresa eles poderiam escolher um outro seguro individualmente ou também até pedir junto à direção da empresa para que ela fizesse um acordo com outra seguradora.

Enfim, saúde privada significa liberdade de tratamento. Cada indivíduo deve ter o direito de se tratar como achar melhor, experimentar novas terapias, utilizar medicamentos de homeopatia etc.. A saúde é talvez o bem mais importante que temos e é justo cada um poder escolher o melhor tratamento para si e para os seus entes queridos.

6
Por Que Privatizar a Previdência Social?

"Nós devemos uma vez mais fazer da construção de uma sociedade livre uma aventura intelectual, um ato de bravura."
– F.A. Hayek

O sistema de previdência privado é baseado num principio bastante simples. Como na fabula da "cigarra e da formiga" de Jean de La Fontaine, quem mais deixa de lado o verão, mais passa bem no inverno. Ou seja, aquele que durante a vida de trabalho destina uma parte de sua renda para a aposentadoria, quando achar oportuno poderá se aposentar e usufruir o fruto de suas economias. Um sistema assim não necessita ser explicado, nem ao menos ser defendido.

Infelizmente, quando temos no meio o estado, as coisas nunca são tão simples. Mais uma vez o estado se volta aos cidadãos e diz "Me deem o seu dinheiro. Eu sei melhor que vocês como gastá-lo". Como ocorre com a saúde, os cidadãos brasileiros são coagidos a dar uma parte dos seus rendimentos ao estado para, depois de velhos, terem de volta a aposentadoria. O estado, mais uma vez, se mostra ineficiente na gestão do dinheiro dos cidadãos. Ele não apenas utiliza este dinheiro para outras despesas, misturando as economias dos trabalhadores num grande caldeirão previdenciário no qual encontramos aposentadoria por tempo de serviço, por invalidez, pensões de viúvas etc., mas tende indiscrimandamente a privilegiar os seus funcionários, os funcionários públicos. Categorias privilegiadas como chefes de estado, parlamentares e magistrados obtém condições impossíveis para um cidadão qualquer (por exemplo, deputados têm direito à aposentadoria com salário integral após apenas dois mandatos, ou seja, 8 anos de trabalho). Isto só pode ocorrer por que, mais uma vez, o estado não responde à lógica do mercado, e não deve responder ao indivíduo poupador, mas à "comunidade". O estado, que deveria, se muito, apenas observar se os fundos de pensão privados cumprem os contratos que firmaram livremente com seus clientes, mais uma vez se torna jogador ao invés de arbitro e assim, mais uma vez perde aquela imparcialidade que, pelo menos no papel, ele tinha.

O que vos escreve teve o prazer de conhecer e entrevistar Jose Piñera, responsável por uma verdadeira revolução nas relações entre o estado e as pensões dos cidadãos. O modelo que Piñera introduziu no Chile nos anos 80, como alternativa ao modelo público tradicional, hoje é escolhido por 93% dos chilenos e é um modelo de capitalização individual. Todo o cidadão paga, pelo menos, 10% dos seus primeiros $25.000 de renda. Se ganhar mais ele pode escolher se quer adquirir ou não uma cota adicional. Após 20 anos de pagamentos, o indivíduo pode optar por receber a pensão. Obviamente ele pode escolher continuar a trabalhar por mais alguns anos para acumular mais e assim ter uma pensão maior, mas a escolha cabe a cada indivíduo. Um trabalhador médio, recorre à pensão após 35 anos de trabalho com cerca de 80% do seu último salário, mais aquilo que ganharia com a pensão estatal (que recolhia por este "serviço" não 10%, mas 25% dos rendimentos). Os fundos de pensão são administrados por particulares que não tendo a propriedade das economias, mas apenas a titularidade para administrá-las não podem perder as economias dos trabalhadores por consequência de uma falha. O trabalhador pode trocar de administrador sempre que desejar, transferindo a titularidade entre as 15 AFP (Administradoras de Fundos de Pensão) cerificadas. O sistema de Piñera após 25 anos de aplicação criou US$25 bilhões de capital que são reinvestidos pelas AFPs no mercado, criando assim mais riqueza no país. Hoje existe a intenção de copiá-lo em vários países e alguns já o fizeram.

Da mesma forma, no Chile e em países mais liberais, é possível se assegurar contra o desemprego. De uma forma, por que a taxa do seguro é mais alta que para os trabalhadores que o risco de ficarem desocupados, isto incentiva a formação continua do trabalhador (um trabalhador é esperto e assim arrisca menos perder o posto de trabalho, e mais facilmente encontrará outro posto) e de outra forma, isto transforma as seguradoras em verdadeiros escritórios de recolocação (por eles terem que pagar, cada mês que o trabalhador estiver desocupado, o seguro desemprego, eles terão um incentivo para encontrar o mais rapidamente possível um novo trabalho para o seu assegurado).

Tudo isso ocorre sem nenhum custo à coletividade. E, aqui no Brasil, mais uma vez encontramos o monopólio estatal (INPS), e somente os ricos (ou seja, aqueles que mesmo após terem pagado o INPS, ainda tem algo no bolso) podem usufruir dos fundos privados de pensão.

7
Por Que Privatizar as Escolas?

"Um socialista é alguém que tem
os pés firmemente plantados no ar."
– Provérbio americano

Já explicamos aqui como o estado deseja se apropriar da educação para fins propagandistas. Então não vamos aqui elencar as razões para que seja considerada justa a existência de uma pluralidade de pontos de vista para a educação das crianças e por que não pode haver um monopolista, muito menos que o estado o seja. Pela educação das crianças são responsáveis em primeiro lugar os pais. São eles que devem escolher o que é melhor para os seus filhos, exatamente como fazem quando escolhem a merenda, atividades esportivas, um par de tênis, uma história para lhes contar. O papel coercitivo do estado não faz outra coisa que desresponsabilizar os pais daquele que deveria ser, naturalmente, a prioridade para os pais: a educação de seus filhos.

O estado italiano, por exemplo, gasta por volta de 90.000 euros para fornecer treze anos de instrução para um único rapaz (da primeira série à quinta série do liceu). Outros 10.000 euros são gastos, durante este período, pela família. É fácil então calcular que se todo este dinheiro fosse deixado nos bolsos das famílias italianas (ou, para aqueles que aceitam o princípio, redistribuído às famílias) estes rapzes teriam a possibilidade de ser instruídos com 770 euros ao mês (10 meses por ano).[1]

[1] N. do T. - No Brasil os dados com os gastos totais em educação por aluno não estão disponíveis; os que existem excluem gastos sensíveis para a conta como os com aposentadorias e pensões, financiamento estudantil, bolsas de estudo e juros, encargos e amortização da dívida. Os gastos que sobram depois destes daria (da primeira série até o final do ensino médio, ou seja, 11 anos-10 meses por ano) R$231,00 por aluno, e também não é difícil imaginar que os pais encontrariam, num ambiente de livre mercado, muitas escolas disputando esta mensalidade, e, como visto já no livro, a concorrência traz melhora na qualidade e diminuição dos preços.(fonte: Inep – Instituto Nacional de Estudos e Pesquisas Educacionais Anísio Teixeira.

Esta é uma cifra enorme. Com este dinheiro as famílias poderiam se organizar de diversas maneiras. Por exemplo, poderia haver três ou quatro alunos por professor e as aulas poderiam acontecer na casa de uma das famílias. Estas aulas seriam muito mais eficientes do que aquelas de hoje, onde um professor tem que dividir o seu tempo com mais de 25 alunos. Resolver-se-ia assim também os problemas relativos à falta de liberdade de ensino, pois cada pai poderia escolher para os seus filhos os professores e o programa escolar mais adequado.

E ainda, as escolas privadas, que lembramos, devem responder ao mercado, disporiam de vastos recursos e o gastariam da maneira mais oportuna, fornecendo professores de qualidade, laboratórios, instalações esportivas e muitas outras coisas. Infelizmente, porém, mais uma vez, somente as famílias com alto rendimento podem usufruir da liberdade de escolha para a educação de seus próprios filhos. Os outros, como já pagaram os impostos, são forçados a utilizar a escola pública.

Acrescentamos que se não houvesse a intervenção estatal, para ter um sistema melhor, em alguns casos, não seria necessário nem mesmo dinheiro.

Por exemplo, os residentes de um condomínio poderiam acordar de cuidarem dos bebês e das crianças em idade pré-escolar. Uma mãe por turno poderia ser a professora da creche, deixando de trabalhar um dia a cada 2-3 semanas. Mas, isto hoje não é possível, pelo menos legalmente, por que o estado cria leis, proibições, autorizações, certificados, diplomas que se fazem necessários para fazer o trabalho legalmente, e estes, evidentemente as mães em questão, não possuem.

8
Por Que Privatizar a Infraestrutura?

"Um partido político é a loucura
de muitos em benefício de poucos."
– Alexandre Pope

Muitas pessoas, convencidas pela evidência dos fatos, chegam a compreender como o mercado é mais eficiente até na oferta de serviços sociais, mas acham difícil imaginar como poderia, apenas o mercado, criar as grandes estruturas que "necessariamente" pedem uma intervenção externa coercitiva por parte do estado. Como poderia o setor privado fornecer grandes redes elétricas, rodovias e ferrovias até mesmo a zonas onde não seja conveniente levar estes serviços? Quem construiria pontes, aeroportos, gasodutos, galerias? Que empresa teria interesse em fazê-los? Como resolver os conflitos de propriedade quando grandes interesses privados se chocam com interesses de um único indivíduo?

Mais uma vez a solução se encontra na aplicação do direito de propriedade. Nós sabemos que o mercado fornece, por si só, uma alocação mais eficaz dos recursos, que é o que garante uma felicidade média maior para todos os sujeitos envolvidos. Isso significa como demonstrou Coase, que não importa se existe um estado que distribui os recursos ao setor privado, ou se estes são distribuídos aleatoriamente (pela natureza, por exemplo). O mercado irá garantir que as coisas se destinem para onde elas são mais necessárias.

Imagine um indivíduo, proprietário de um terreno, e de toda sua extensão desde o centro da terra até o espaço. Ele poderia considerar a violação do espaço aéreo sobre sua terra como uma violação do seu direito de propriedade. E teria razão.[2] Mas o que ocorre na realidade é que ele (na maioria dos casos) não está realmente interessado em tudo que acontece a ,digamos, 500 metros acima do seu terreno. É altamente provável que para ele, a parte alta do seu terreno (o céu), tenha um valor quase nulo para ele. Bem diferente é o valor que uma companhia aérea dá ao mesmo espaço que torna possível a passagem de um avião. A aplicação do direito de propriedade faz com que ambas as partes queiram negociar esta porção do céu, e que ambas as partes tenham uma vantagem. Por exemplo, os habitantes de uma zona próxima a um aeroporto poderiam ser reembolsados por esta violação das suas propriedades privadas que ocorrem sobre suas cabeças.

O mesmo raciocínio serve para as ruas. É provável que num sistema de livre mercado puro, as ruas, com exceção apenas de algumas poucas passagens que continuariam no estado de "*res nullius*" (sem dono), seriam todas privadas.

---

[2] N. do T. - "O princípio libertário da apropriação original, *homestead*, sugere que para um homem se tornar proprietário de um bem sem dono, ele deve, nas palavras de Locke, "misturar seu trabalho" com o bem. Se o proprietário da terra em questão apenas usou a superfície, ele dificilmente poderia reivindicar a prorpiedade de toda a massa de terra até o centro da Terra. E o mesmo vale para o céu, embora a reclamação quanto a uma invasão de ondas sonoras por parte de aviões que passam próximos à sua propriedade possa ser válida. Neste caso, um critério justo para decidir conflitos interpessoais é averiguar "quem chegou primeiro", o proprietário do terreno ou do aeroporto.

As ruas nas zonas residenciais se tornariam propriedade dos próprios moradores (utilizadas então apenas pelos moradores ou por quem eles autorizarem) enquanto as grandes avenidas poderiam ser de propriedade de empresas que fariam dela, com pedágios ou de outras formas, uma fonte de receitas. É, no entanto improvável que os cidadãos tenham que pagar pedágios a cada esquina. É mais provável imaginar a assinatura de contratos, acordos de benefícios mútuos entre empresas e afins que facilitem o uso da infraestrutura. A tecnologia de hoje poderia permitir, com o uso de GPS, de pagamento via telefone ou rádio, de monitorar estas cobranças de modo ainda mais simples e direto.

Alguns acreditam que o sistema privado poderia desconsiderar as zonas remotas, aquelas onde não convém construir estadas, redes elétricas ou gasodutos. Isto provavelmente é verdade, mesmo que parcialmente. Mas é também justo. Se um indivíduo decide viver no alto de uma montanha o faz porque vê nisso uma vantagem. A propriedade é mais barata, o ar menos poluído, não tem perturbações sonoras e assim por diante. Levar os serviços a este indivíduo às custas de todos os outros (como acontece hoje) significaria lhe dar privilégios não merecidos. O habitante da montanha, do nosso exemplo, teria as vantagens de morar numa zona urbana (linha telefônica, energia elétrica, sistema de esgoto, água, gás) sem as mesmas desvantagens. Na verdade, acontece que, os habitantes das zonas remotas, se deixados livres, sempre resolveram seus problemas sozinhos ou foram atendidos por empresas que souberam ver nas suas necessidades um nicho de mercado. Hoje, por exemplo, é possível fazer uma ligação telefônica do alto de uma montanha por uma linha via satélite. Evidentemente que o custo é maior do que uma simples ligação via cabo. O nosso habitante das montanhas só deve avaliar os custos e benefícios de lá viver e decidir com base neles.

Existem inúmeros outros exemplos que poderíamos explicar, mas por falta de espaço e por este ser um livro dedicado a ser breve, vamos parar por aqui. O que é importante compreender é que a aplicação correta do direito de propriedade nos permite resolver questões, que à primeira vista pareciam sem solução, de maneira muito mais eficaz do que é capaz de fazer uma autoridade coercitiva externa.

9
Mercado, Produção, Trabalho e Comércio. O que é o trabalho?

"Deixe as pessoas acreditarem que governam e serão governadas."
– Willian Penn

Até agora analisamos o mercado como uma entidade única, feita de produtores, trabalhadores e consumidores. É o caso agora de detalhar o papel que cada um destes desempenha num livre mercado. Primeiro é necessário definir o que se entende por "trabalho". Este, como vimos, não é um direito. E não pode nem ao menos ser definido como um dever. O trabalho, de fato, não é um direito nem um dever, ele é o resultado de uma mediação entre a necessidade natural de sobrevivência, a nossa capacidade individual e a demanda do mercado. Do ponto de vista das livres trocas, o trabalho pode ser equiparado a qualquer outro produto. Como qualquer produto, ele é limitado no espaço e no tempo, tem um custo e pode ser transferido para o adquirente.

Cada indivíduo é proprietário do próprio corpo. Por consequência ele é também proprietário do próprio trabalho. Ele pode então decidir vender o próprio trabalho a quem mais lhe convir. Da outra parte o empreendedor "adquire" o trabalho do indivíduo por um custo definido em contrato (salário). O valor do trabalho de cada pessoa, como vimos, é uma variável estritamente individual. Um operário pode querer R$1.000 por um dia de trabalho e um empreendedor pode quere pagar apenas R$1,00. Mas o montante que os fará chegar num acordo, o montante justo, será aquele definido pelo mercado. Em períodos que a mão de obra é abundante o preço da mesma cai, em períodos de escassez ele sobe. Isto obviamente vale tanto para a mão de obra como para qualquer outro bem ou serviço. Se de um ponto de vista pode ser verdade que a oferta de trabalho não diminua nunca, quando analisamos setores específicos vemos que o volume de empregos mantém um fluxo médio constante. O que ocorre é o deslocamento da demanda entre os diversos setores da economia. Por outro lado, não poderia ser diferente. Se, como alguns sustentam, os empreendedores empregassem cada vez menos por que substituiriam todos por maquinas, o sistema entraria em colapso (ou já ruiu) já que cada vez menos pessoas teriam como comprar os produtos no mercado.

Ao invés disso o que ocorre é um crescimento contínuo da procura por trabalhadores, que varia continuamente entre um setor e outro. Se tivéssemos que dar uma definição, para simplificar esta questão diríamos que a demanda de trabalhadores se move em direção ao trabalho especializado, a um maior grau de especialização e de formação do trabalhador.

Como qualquer vendedor, o trabalhador (vendedor de trabalho) procura obter o melhor preço pelo seu produto. Ele tem dois caminhos diante de si. Ele pode se associar com outros trabalhadores para tentar impor um produto e um preço mínimo (por exemplo, criando um sindicato) ou pode melhorar o custo/benefício do seu produto abaixando o preço do seu salário ou melhorando o serviço se especializando.

10
O Que São os "Sindicatos"?

"Democracia são dois lobos e uma ovelha votando no que será servido no jantar.
A liberdade é um carneiro bem armado que contesta o voto."
– Benjamin Franklin

Os sindicatos são associações que reúnem trabalhadores inspirados pelas mesmas exigências e que enfrentam os mesmos problemas. Do ponto de vista do mercado os sindicatos constituem para todos os efeitos um cartel, exatamente como os de empresas, para manterem os preços altos. O papel dos sindicatos é fundamental nas negociações de trabalho e é perfeitamente legítimo que trabalhadores, que considerem desejável, voluntariamente se associem para defender coletivamente os próprios direitos.

O que nós queremos contestar é quando esta associação aos sindicatos é obrigatória, coercitiva, violenta. E, mais uma vez, isto ocorre por causa do estado. O estado escolheu institucionalizar as relações com os representantes dos trabalhadores (os sindicatos) assim como com os produtores (FIESP, FIERJ). Fazendo assim o estado aceitou que instituições de caráter privado (livre associações de trabalhadores ou no segundo caso de empresas) assumissem um papel público, eles representam a todos e não somente aos seus membros.

Isto fez com que a liberdade de contrato, que deveria ser garantida tanto ao trabalhador quanto ao gerador do emprego (dois indivíduos que firmam livremente um acordo ao qual se empenham em respeitar), fosse sacrificada em nome de "direitos" coletivos. Hoje um empreendedor e um (potencial) trabalhador não podem se sentar numa mesa e negociar livremente qual será o pagamento em troca do trabalho. Estes são obrigados a respeitar normas coletivas impostas previamente por outras pessoas e isto vai claramente contra o princípio do direito de propriedade privada e de liberdade individual.

11
O Que São os Contratos Coletivos?

"Vida, liberdade e propriedade estão em perigo sempre que o parlamento se reúne."
– G.J.Tucker

Os contratos coletivos são contratos de trabalho que são firmados por associações de trabalhadores e associações de geradores de emprego, muitas vezes junto ao estado que se coloca como mediador, que são impostos a todos, sejam eles trabalhadores ou empresários que não o tenham firmado. Se, um contrato coletivo para os "metalúrgicos" estabelece que todos os metalúrgicos devam ganhar X por mês, os empregadores não poderão penalizar aqueles que tenham sido menos produtivos, nem premiar aqueles que tenham produzido mais. Eles serão coagidos a pagar a todos do mesmo modo, independente da qualidade de cada trabalhador. Fica claro então que a principal consequência destes acordos coletivos é favorecer um generalizado nivelamento por baixo da capacidade produtiva (e, portanto, da eficiência do sistema). Na verdade, o trabalhador menos eficiente não terá incentivos para se aprimorar e o mais eficiente se sentirá um estúpido (pra que se empenhar mais? pra que investir na formação profissional se quem trabalha mal ganha a mesma coisa?).

Ao invés de lutar para melhorar o próprio salário, o vendedor de trabalho escolhe a via mais fácil, faz um cartel. Ao invés de tornar mais atraente o seu trabalho (como faz um vendedor de fruta que lustra a maçã), por exemplo, através de formação continua ou de um maior nível de instrução, ele escolhe nivelar a oferta por baixo.

12
O Que é o Direito à Greve?

"Política é a arte de procurar problemas, encontrá-los mesmo que não existam, fazer um diagnóstico errado e aplicar uma cura equivocada."
– Sir E. Benn

Uma das consequências da institucionalização dos sindicatos e das sucessivas negociações com o governo é a criação a partir "do nada" de falsos direitos. Um destes é o "direito" à greve. Hoje aceito nas democracias liberais este não é outra coisa que uma violação dos contratos autorizada por lei. O estado, unilateralmente, suspende temporariamente a aplicação de um contrato livremente acordado entre as partes (o trabalhador e o empregador). O trabalhador assim tem uma arma a mais para suas negociações com o empregador. Ele não pode mais somente melhorar o seu desempenho ou se associar a um cartel para manter altos os preços (os salários). Agora ele pode legalmente violar o contrato se ausentando do posto de trabalho.

Todos estes "direitos", que seria melhor chamá-los de "privilégios", são obviamente concedidos apenas aos trabalhadores e nunca aos empregadores. Por exemplo, se ele se atrevesse a violar um contrato despedindo sem aviso prévio um trabalhador. Ele seria rapidamente punido.

Aquilo que queremos ressaltar é que num sistema que aplicasse o direito de propriedade o trabalhador teria todo o direito de pedir sanções ao empresário no caso de violação do contrato (horas extras além daquelas acordadas, condições de trabalho diferentes daquelas contidas no contrato etc.) ou em caso de "agressão" à sua pessoa (assédio, intimidação, obrigatoriedade de trabalhar em condições não salutares não previstas em contrato etc.). O papel de um sindicato, num sistema similar, seria o de ajudar as partes na elaboração do melhor contrato possível e o de posteriormente garantir o cumprimento do mesmo. Não haveria mal algum nisto. Por outro lado, o que é errado é impor aos empregadores ou empregados regras coercitivas universais e autorizar por lei a violação dos contratos livremente assinados. Recentemente a Austrália limitou fortemente o "direito" à greve e cremos que outros governos caminhem nesta direção.

13
O Que é o Salário Mínimo?

"Os maiores perigos para a liberdade se escondem nas iniciativas de homens zelosos e bem intencionados, mas que não entendem nada do mundo que os circunda."
– Louis D. Brandeis

Não há equívoco maior no mundo do trabalho que acreditar que fixar um salário mínimo garanta os trabalhadores. Para esta crença contribuíram os sindicatos que fingindo tutelarem as categorias mais frágeis como os jovens, os idosos ou os deficientes acabam se tutelando apenas a si próprios e aos trabalhadores já empregados.

Fixar um salário mínimo (ou seja, um custo mínimo para o produto trabalho) equivale a fixar qualquer outro preço no mercado, e nós sabemos que isso conduz apenas a mais problemas. Quando é fixado um preço acima do "preço de equilíbrio" estabelecido pela relação entre a oferta e a demanda isto invariavelmente conduz a um excesso de oferta que não será demandada. Em outras palavras, desemprego. Os empreendedores, sempre em busca da melhor relação qualidade e preço (ou seja, entre o custo do salário e a produtividade do trabalhador) se veem forçados a levar os seus investimentos a outras direções. Se não podem inovar tecnologicamente eles procurarão produzir onde o mesmo trabalho custe menos. Como alternativa estes podem escolher mão de obra especializadas e maquinas. Se dois operários especializados e uma máquina produzem mais que vinte operários não especializados e custam menos o empreendedor escolherá os primeiros, e a consequência disso é que existirão dezoito postos de trabalho a menos.

A verdade é que deixar o mercado livre para negociar sem impor salários mínimos só pode ajudar os trabalhadores, em particular os novos trabalhadores, aqueles sem experiência e, sobretudo os jovens. Deste modo estes podem acumular experiências para revendê-la mais caro nos anos posteriores. A alternativa escolhida hoje é a de manter o salário mínimo, logo o desemprego das camadas menos favorecidas ou preparadas para o trabalho. E os sindicatos e políticos fingem não saber, mas sabem bem que com a imposição de um salário mínimo estão defendendo apenas os interesses daqueles que já trabalham (seus membros) e não contribuem de maneira alguma com a criação de novos empregos.

14
O Que São os "Conselhos Profissionais"?

"Na maioria das vezes a política e os políticos não apenas contribuem para o problema: eles são o problema."
– John Shutleworth

Os conselhos profissionais podem ser vistos como uma outra forma de sindicatos, mas desta vez voltados aos profissionais liberais. Além disso, apesar de legítimas na sua formação, tendem a forçar acordos com o estado e obterem a representação de todos aqueles pertencentes à categoria. Em suma, como os sindicatos, estes também vão além da defesa dos interesses dos seus representados e impõem com violência as suas posições a todos os outros.

Jornalistas, farmacêuticos, médicos, arquitetos, advogados, engenheiros, mas também taxistas, autores de música e muitos outros. Todos vão além da livre associação para a defesa dos próprios interesses e impõem as suas ideias também para os que não são seus associados. Cada uma destas não defende a si mesma e aos seus privilégios "abertamente", na livre e correta competição do mercado, mas o fazem buscando impedir os outros de obterem os mesmos privilégios. É curioso notar como os expoentes destas categorias, sendo principalmente formadas por profissionais liberais, se declaram abertos ao livre mercados e favoráveis à livre concorrência em todos os setores do mercado, menos o deles.

Quando achamos as farmácias muito caras, quando não encontramos táxis ou achamos o preço destes muito caros, devemos nos perguntar se nós, no nosso mundinho, não estamos nós mesmo procurando uma defesa para o nosso status. Lembramos, não há nada de mal em se associar para cuidar, da melhor maneira possível, dos próprios direitos de propriedade (como para fazer cumprir os contratos). Diferente disso é querer impor aos outros as suas posições. O estado, infelizmente, mais uma vez se intromete. Ele está sempre pronto para transformar em leis as exigências dos conselhos profissionais e mesmo aquela que já era uma opção do mercado se torna uma obrigação. Não se pode escrever num jornal se não se é um jornalista, não se pode contratar um advogado que não pertença à ordem, não se pode operar uma farmácia sem a presença de um farmacêutico.

Tudo isto não ajuda em nada o consumidor, e acaba por mergulhar o mercado numa infinidade de leis e regulamentações feitas sob medida para cada um dos conselhos profissionais.

15
O Que é o Empreendedor?

"O empreendedor não pode comprar favores de um burocrata que não tenha favores para vender."
– Sheldon Richman

O empreendedor é aquele que, percebendo a falta de algum produto ou serviço no mercado, ou do elevado preço dos produtos existentes, decide ele próprio produzir o bem ou prestar o serviço esperando poder obter lucros. Claramente o trabalho de um empreendedor é o de encontrar seu espaço no mercado, conquistando novos clientes e consumidores. Ele deverá então procurar motivar os clientes com vantagens que os produtos existentes não tinham. Deverá procurar reduzir os custos daquele produto ao público ou aumentar a qualidade dos bens em contraste com aqueles que já estavam no mercado ou ainda oferecer um produto completamente novo. Provavelmente ele vai tentar juntar todas estas vantagens.

O empreendedor é uma pessoa que arrisca, não apenas os próprios recursos econômicos, mas o próprio tempo, por que acredita no seu produto. Ele sabe que poderá contar apenas com a sua força e sua capacidade. Ele muitas vezes percorre caminhos novos, e acaba por ser um inovador, na busca por encontrar um modo melhor para satisfazer uma demanda específica do mercado.

Quando um empreendedor percorre todas as vias legítimas para este fim não está fazendo outra coisa que aumentar a eficiência do mercado. Procurar trabalhadores que queiram trabalhar por pouco não é ilegítimo, comprar matérias primas que custem menos ou produzir em países com menos entraves trabalhistas são todos comportamentos legítimos. Eles, porém, com a presença do estado, se encontram frente a dois possíveis caminhos para conseguir seus rendimentos. De um lado o caminho legítimo e trabalhoso do mercado, feito de pesquisa, competição e risco. De outro lado existe a via do lobby, das leis feitas sob encomenda, da associação com o sistema político. Ele escolherá o caminho que lhe custe menos. Hoje escolher "investir" nas relações com a política se revela cada vez mais rentável. Por que escolher gastar milhões em pesquisa e publicidade quando se pode impor aquele velho produto graças à lei? Às vezes isso é obtido legalmente através de atividades como o lobby (e financiamentos a partidos políticos que tem nos seus objetivos a manutenção ou a criação de alguma lei que ajude aquele empresário) e outras vezes isso é obtido de maneira ilegal como financiamento secreto, propinas, pressões.

Novamente o estado distorce o mercado, favorecendo os mais próximos ao poder e excluindo os outros. Este processo obviamente não premia os empreendedores com condições de criar melhores produtos e serviços através do livre mercado, mas apenas os empreendedores mais capazes de se embrenharem nos corredores dos ministérios.

16
O Que São os Monopólios?

"Civilização é tudo aquilo que conseguiu se salvar do zelo dos governantes." – Nicolas Gomez Devila

Quando apenas um único sujeito ocupa todo um setor do mercado, popularmente se diz que ele é monopolista. O monopolista pode ser público ou privado. Nos estados modernos, por exemplo, os governos são monopolistas da segurança e da defesa. Alguns anos atrás no Brasil o estado era também monopolista das redes telefônicas e elétricas, das estradas e outras infraestruturas. Os monopólios podem ser também privados.

O monopólio (ou oligopólio) é mal visto, mesmo em economias liberais, por que se sustenta que um mercado onde exista um monopólio seja um mercado que não favoreça os consumidores. A política, com grande apoio público, procura então impedir os monopólios com leis que limitem os poderes das empresas monopolistas e favoreçam a concorrência ou a entrada de novos competidores. Na realidade, desde quando nos Estados Unidos em 1890 foi promulgado o Sherman Act, primeiro decreto precursor das modernas leis antitruste, nunca foi demonstrado que um monopólio natural de um setor de mercado prejudicaria os consumidores. A ideia levada adiante pela legislação antitruste é que ao favorecer os concorrentes diretos das empresas monopolistas se ajudava os consumidores. Isto é por si só um grande erro. Se garantir igualdade de condições de acesso ao mercado e um tratamento igual para todas as empresas é algo desejável, diferente disso é favorecer outros concorrentes em detrimento da empresa monopolista. Obviamente que este nosso raciocínio vale para quando a empresa que detém um status de monopolista conquistou esta posição de vantagem respeitando as regras de mercado criando produtos que satisfizeram os consumidores por qualidade e preço a tal ponto de conquistarem a preferência de todos. Nós somos os primeiros a condenar posições de vantagem conquistadas mediante sistemas desonestos ou graças à associação com o poder político. Mas quando uma empresa conquista uma posição de mercado que é "merecida"não há motivos para sustentar que ao penalizá-la se esteja ajudando os consumidores. As modernas legislações antitrustes hoje impõem às empresas condenadas obrigações pesadíssimas: dividir com a concorrência tecnologias e segredos industriais, dividir a própria atividade em empresas separadas, renunciar a fusões estratégicas, mudar o nome da marca etc.. Não é por acaso que a maioria das ações antitruste não sejam movidas por consumidores preocupados e sim por empresas concorrentes.

No Brasil muitas vezes se confunde privatização com liberalização. Foram feitas nos últimos anos no Brasil muitas (várias falsas) privatizações e isto certamente é um fato positivo pois sabemos o quão ineficiente é o estado na produção de bens e serviços. Na maioria das vezes foi evitado liberalizar o mercado ao invés de privatizar. Mas foi concedido às recém-nascidas empresas privadas a condição de monopolistas, como quando o serviço era gerido pelo estado. Esta atitude gerou graves desequilíbrios no mercado, pois permitiu que uma empresa privada desfrutasse enormes vantagens sobre seus (possíveis) concorrentes diretos. O estado é a única maneira de se sustentar um monopólio, ele o sustenta com regulamentações e até com leis, por exemplo, para abrir um banco no Brasil é necessária a permissão, entre outros, do próprio presidente da república, e no caso das empresas de telefônia as regulamentações são muitas e desenhadas para as empresas existentes.

Outro argumento que tenta sustentar as leis antitrustes traz a ideia que, se é verdade que um monopólio natural até agora não prejudicou os consumidores, é apenas por que estas empresas estão esperando conseguir um poder tão grande que possam subir seus preços o quanto quiserem. A verdade é que se o mercado é verdadeiramente livre e capaz de oferecer a possibilidade de acesso a qualquer um (sem, por exemplo, os limites impostos por concessões estatais), qualquer tentativa de subir o preço ou abaixar a qualidade além de um limite tornaria imediatamente possível o ingresso de novas empresas prontas a atender aos consumidores desiludidos com o monopolista.

17
O Que É o Protecionismo?

"Analisando o estado, onde quer que seja, entrando na sua história em qualquer momento, não se pode ver uma maneira de distinguir as atividades dos seus fundadores, administradores e beneficiários daquela de uma classe de criminosos profissionais."
– Albert Jay Nock

Outra prática com a qual o governo imagina poder ajudar as empresas é limitando a entrada no mercado de novos concorrentes. Os políticos imaginam que "protegendo" as empresas nacionais, isto é impedindo o ingresso de produtos estrangeiros, eles ajudam a economia do país. Na realidade este procedimento é prejudicial.

Já vimos como o alargamento do mercado, a ampliação da oferta, tem necessariamente efeitos positivos por que permite aos consumidores uma maior possibilidade de escolha entre quais produtos adquirir. Não existe nenhuma razão para limitar estas possibilidades nos confins nacionais. Por que não se abrir para o continente? E por que não se abrir para outros além do continente também? A verdade é que o mercado se torna mais eficiente com o aumento das informações, e isto certamente ocorre com a abertura das fronteiras e com a entrada de novos atores no mercado, sejam eles produtores ou consumidores.

Alguns argumentam que, se é verdade que um mercado mais aberto e livre de barreiras protecionistas num primeiro momento favorece os consumidores, sendo o consumidor também um trabalhador, vindo as empresas locais a serem afetadas pela concorrência, cedo ou tarde o trabalhador perderá seu posto de trabalho. Este raciocínio é uma falácia por que não leva em conta um fato importante. Se um consumidor graças à abertura das fronteiras logra comprar um produto pela metade de quanto custava antes, isto até pode significar a perda de postos de trabalho para 20.000 pessoas, mas significa que outros 100.000.000 de cidadãos, sobrando mais dinheiro no bolso, terão a possibilidade de comprar outros bens e serviços. A competição serve para eliminar as atividades ineficientes e premiar aquelas eficientes. O efeito da competição não é outro se não a especialização. Aquilo que ocorria nos pequenos vilarejos de 5.000 anos atrás, quando aquele que era melhor em cultivar se tornava agricultor e aquele que era melhor na caça se tornava caçador, para depois se encontrarem no mercado e trocarem seus produtos, está ocorrendo agora num nível global e no longo prazo só pode trazer benefícios.

Certamente que se observado apenas localmente e limitadamente no tempo, o fenômeno da globalização e da abertura indiscriminada do mercado pode parecer devastador. Setores inteiros do mercado (como as indústrias de sapatos de Franca) podem acabar prejudicados, mas com o passar do tempo, se o mercado for livre, os recursos produtivos serão reendereçados a outros setores. No futuro veremos um mundo especializado, onde vastas áreas do planeta serão dedicadas a produtos específicos e os produtos locais se dedicarão a um nicho de mercado voltado ao turismo ou aos amantes dos produtos típicos.

Proteger um mercado do ingresso de novos participantes, através do uso de regulamentações, proibições, tarifas e impostos de outros tipos, apenas retarda o momento no qual as empresas locais se encontrarão com competidores mais eficientes. Na verdade o que se deve pedir aos políticos é que liberem o mercado de todos os laços que impedem uma competição saudável entre os produtos, o que favoreceria uma modernização da estrutura produtiva. Nos anos de 1970 e 1980, nos Estados Unidos, o setor automobilístico sofreu devido à chegada dos automóveis asiáticos, mas hoje sabemos que a solução que venceu não foi impedir que os japoneses vendessem seus automóveis nos Estados Unidos, mas concentrar os recursos "liberados" em outras direções como em informática e serviços.

A última objeção que é feita a um sistema sem proteção alguma, é que "devem existir regras iguais para todos". Argumenta-se que por que os trabalhadores de países concorrentes não gozam dos mesmos direitos dos nossos, a competição que se dá é uma competição desleal. Mais uma vez se comete um erro fazendo de conta que não se vê que as melhorias nas condições de trabalho que gozam os nossos trabalhadores (carga horária reduzida, melhores condições etc.) são melhorias conquistadas durante os anos através da contínua, natural e progressiva busca pela melhoria do bem estar pessoal. Cem anos atrás nossos avós deixaram o campo para trabalhar nas cidades, onde se sujeitavam a mais de 12 horas de trabalho nas fábricas esfumaçadas e o faziam convictos de estarem melhorando, mesmo que pouco, as suas condições. Hoje ocorre o mesmo na China, Índia e em muitas partes do sudeste asiático. A busca pelo bem estar pessoal é um processo natural que necessita de tempo, naturalmente. Impor aos trabalhadores chineses as mesmas condições de trabalho dos trabalhadores europeus não faria outra coisa senão retardar sua jornada rumo à prosperidade e não influiria na defesa dos nossos produtos que devem competir no plano da qualidade e da tecnologia.

18
Quem Controla o Mercado?

"Os políticos tem uma ética própria. Só deles. E esta está um degrau abaixo daquela de um maníaco sexual."
– Woody Allen

Muitas pessoas se assustam ao ouvirem falar de um mercado totalmente livre, um mercado sem regulamentações. Sem um estado que vigie atentamente, se ouve dizer, "quem defenderá os pobres consumidores deixados nas mãos de empresários inescrupulosos?". A realidade é bem diferente.

Primeiramente, um mercado não é feito só de empresários, mas também de consumidores. Poderiam existir, e de fato existem, também "consumidores desonestos" que, por exemplo, burlam seguradoras, exigem reembolsos indevidos, procuram utilizar serviços sem o devido pagamento. A violação do direito de propriedade e dos contratos é algo que devemos sempre condenar, venham elas de qualquer uma das partes.

Um livre mercado, quando é realmente livre, tende a premiar os comportamentos virtuosos e a penalizar os comportamentos ineficientes ou desonestos. Empresas que não dão garantias suficientes aos clientes são gradualmente expulsas do mercado enquanto empresas que sabem conquistar a confiança dos consumidores obtém sempre uma maior taxa de crescimento.

Por exemplo, se não houvesse o estado que impõe um controle sobre os alimentos, a qualidade dos produtos vendidos seria garantida pelo próprio supermercado. Este tem todo o interesse de ter clientes satisfeitos, e se vê responsabilizado pelo controle dos produtos que vende. Provavelmente o custo deste controle seria "diluído" no custo dos próprios produtos. O mercado então absorveria o "controle de qualidade" como uma característica inerente à composição do preço.

É ainda bastante provável que em um sistema de livre mercado puro, um grande papel no controle venha a ser desempenhado pelas associações de consumidores e pelas entidades certificadoras. Os primeiros agiriam "por baixo" recomendando, selecionando, testando os produtos e serviços à venda. As entidades certificadoras agiriam "do alto" regulando e gerindo o comportamento das empresas no mercado. Associações deste tipo iriam preencher aquele espaço que hoje é ocupado por partidos políticos, mas com duas grandes diferenças. Primeiro as relações serão voluntárias e a delegação será revogável a qualquer momento. Além disso, é evidente que as relações entre entidades privadas são mais diretas e imediatas. Não existem partidos que elegem deputados que fazem leis que proíbem um produto, mas simplesmente associações que não recomendam comprá-lo ou que fazem pressão sobre supermercados para que eles não o vendam.

Alguns argumentam que um sistema similar seria inviável por que devemos sempre controlar tudo e em algum momento poderíamos ser enganados. Na realidade é bastante provável que a atenção de poucos favoreça a muitos *free riders* (os "caronistas", sujeitos que gozam das externalidades positivas). Bastariam poucos consumidores prudentes para guiar o consumo de toda a comunidade. Além disso, quanto maiores são as empresas, mais elas temem o julgamento dos consumidores. Se por exemplo, o produto X fosse desaconselhado por uma das dez mais respeitadas associações de consumidores os reflexos nas vendas seriam enormes.

Hoje as empresas têm a possibilidade de fazer pressão sobre o sistema político, que no fim das contas não responde a ninguém, enquanto as associações de consumidores devem responder aos seus associados, ou seja, seus clientes. Se a associação da qual faço parte me "vende" um produto não correto, ou seja, me fornece informações incompletas ou falsas, eu posso mudar de fornecedor (de associação), e em alguns casos posso contestar o "fornecimento" de informações equivocadas fazendo valer o meu direito de propriedade, como uma vítima de fraude.

Por fim um papel primário seria dado aos sindicatos, que recuperariam a sua tarefa natural de associações de trabalhadores (e não de lobismo político). Os sindicatos ajudariam os trabalhadores na elaboração de seus contratos, os assistiriam no trabalho e no aprendizado, e forneceriam assistência legal nos casos de litígio entre trabalhadores e empregadores.

19
Um Mercado Livre é Sempre Eticamente Correto?

"A inflação é como um pecado, todos os governos a denunciam e todos eles a praticam."
– Frederick Keith-Roth

Não necessariamente.

Como já dissemos a ética representa um ponto de vista estritamente pessoal[3]. Embora algumas comunidades exibam padrões éticos semelhantes não podemos falar de uma ética universal. Mesmo princípios que consideramos universais vêm substituídos por imperativos religiosos (como os radicais do islã "mate um infiel e ganhe o paraíso") ou culturais (como os rituais africanos que mutilam meninas). O libertarianismo poderia levar a condições de mercado que julgamos incorretas, mas que, desde que não violando o direito de propriedade, devemos julgar perfeitamente legítimas e logo, não crimes.

A discriminação por raça, idade, sexo, costumes ou condição social não é, por exemplo, um crime. O fato de um empregador se recusar a assumir uma pessoa por que é do sexo feminino, ou um produtor se recuse a vender algo para uma pessoa por que sua pele é amarela não são por si só crimes. Nenhuma das partes está violando a propriedade da outra enquanto que impor a uma das partes um comportamento diferente seria sem duvida um ato coercitivo violento. Todos nós discriminamos, em cada momento das nossas vidas. Temos pré-conceito e conceito das pessoas que encontramos, compramos numa loja ao invés de comprar em outra, adquirimos um produto ao invés do outro, escolhemos algumas pessoas como amigos ao invés de outras. A palavra "discriminação" é apenas um sinônimo para "escolha".

[3] N. do T. - O autor evita entrar em um debate sobre a universalidade da ética, deixando essa questão de lado. Porém, outros autores libertários levaram este debate adiante. Murray N. Rothbard, e, posteriormente seu discípulo H. H. Hoppe, demonstraram melhor do que ninguém como uma ética objetiva não é só possível como argumentativamente inegável. Veja em particular Hoppe, *The Economics and Ethics of Private Property* (Boston: Kluwer Academic Publishers, 1993).

É perceptível que comportamentos discriminatórios contrários à moral da comunidade na maioria das vezes é contraproducente do ponto de vista do mercado. Empresas que discriminam podem perder os próprios clientes, cidadãos que discriminam podem perder o apoio dos vizinhos, dos amigos, e assim por diante.

Outra consequência tida como do livre mercado é a "exploração" do trabalhador. Na realidade, se não há violação do direito de propriedade nem dos contratos, um trabalhador que aceite trabalhar por um salário considerado (pelos outros) mísero não fez outra coisa que colocar sobre os pratos da balança de um lado um trabalho com um salário pequeno e da outra nenhum trabalho (logo nenhum salário). Por mais cínico que este raciocínio possa parecer devemos nos lembrar de que o empreendedor não é (necessariamente) um filantropo. Ele tem sim um papel social, mas este é o papel de produzir produtos úteis para a sociedade e não o de fazer caridade, por exemplo, pagando aos seus empregados mais do que aquilo que ache justo. Se uma pessoa livre, capaz de entender e de desejar, assina um contrato no qual aceita um salário pequeno, isto se trata apenas de uma livre transação de mercado. Mais uma vez lembramos que o mercado pode sozinho marginalizar comportamentos antiéticos quando esta ética é compartilhada pelos consumidores. Se os consumidores julgarem antiético o comportamento de uma empresa com os seus funcionários estes podem boicotar os produtos da empresa fazendo assim pressão para que ela mude sua política, como ocorreu, por exemplo, com a Nike (na Itália), acusada de utilizar mão de obra infantil. Uma outra objeção ao livre mercado é o trabalho de menores. Apesar da consideração apenas feita, da capacidade do próprio mercado regular a ética empresarial, queremos aqui nos debruçar sobre o que se entende por "menores".

Na falta de um estado que estabeleça a data na qual um ser humano adquire a plena individualidade (entendida, lembramos, como a capacidade de agir voluntariamente com liberdade e responsabilidade na sociedade), como diferenciar um menor de um adulto? Para os libertários a pessoa se torna adulta quando tem a capacidade de prover de maneira completa o próprio sustento.

Isto é de fato o que ocorre na natureza para qualquer espécie animal. A natureza faz com que os pais estejam próximos aos "filhotes" enquanto estes não se tornam independentes. Quando isto ocorre o filhote não mais é assim visto pelos outros componentes do grupo social. O desenvolvimento hormonal faz com que ele agora seja visto como adulto, como competidor pela comida, por território e por acasalamento. Mesmo não sendo nossa intenção comparar os seres humanos com outros animais, é evidente que esta distinção entre menores e adultos é muito mais correta e seguramente mais eficaz que o arbitrário limite de idade imposto pelo estado (em alguns locais 18, outros 16, 21).

Se então, um "menor" tem capacidade para se manter, ele não é mais um menor. Pode parecer um jogo de palavras, mas para um libertário um menor não trabalha por que quem trabalha (livremente, voluntariamente e responsavelmente) não pode ser um menor. Mais uma contra argumentação que se faz ao livre mercado é a concepção de que se qualquer um pode fazer qualquer coisa, sem a necessidade de seguir leis, permissões, concessões, licenças etc., arriscamos ter médicos que operam sem diploma, engenheiros que construam sem serem capazes etc., com danos potenciais graves à saúde dos indivíduos.

O que é importante compreender é que todos estes comportamentos são verdadeiras fraudes. Um médico que opera sem ter frequentado um curso de medicina (e sem avisar isso ao paciente) comete uma violação do direito de propriedade do mesmo modo que um vendedor que venda um produto prometendo outro. O crime que o médico comete não é aquele de exercer a profissão sem diploma ou licença (dado que não existiria um estado expedindo licenças), mas o de haver fraudado o seu cliente/paciente fornecendo informações falsas. A responsabilidade individual é outra face da moeda da liberdade, que os libertários querem levar adiante. A ausência de leis estatais não pode ser confundida com o direito de poder violar o direito de propriedade do próximo.

20
O Mercado Convém aos Ricos ou aos Pobres?

"Um político divide a humanidade em duas classes: instrumentos e inimigos."
– Friederich Nietzsche

Existe a ideia errada de que o livre mercado é uma teoria apoiada pelos ricos e que as grandes massas mais pobres deveriam se revoltar contra ela por que só teriam a perder com o livre mercado. A verdade é que só deve temer o livre mercado aquelas categorias protegidas que gozam de privilégios concedidos arbitrariamente pela política. Os expoentes desta categoria se encontram, infelizmente, entre pobres e ricos. O mercado de fato é concebível como um instrumento neutro aos destinos dos indivíduos, um "oceano" dentro do qual ocorrem as relações humanas. Infelizmente a visão errada do mercado está enraizada na cabeça das pessoas que insistem em não enxergar as vantagens que o livre mercado pode levar às massas mais pobres.

Pensem na desapropriação imobiliária ou nas concessões urbanísticas, que dão vantagem às grandes empresas próximas do poder político e prejudicam aos pequenos. Ou ainda nos serviços de segurança pública, sempre prontos para intervir em grandes eventos, como shows e jogos de futebol, e ao mesmo tempo prontos a desprezar as funções para a qual supostamente serve nas periferias. Por que um proprietário de um local de entretenimento como uma discoteca ou um bar deve tomar suas próprias providências com relação à segurança, contratando os serviços de um “leão de chácara” enquanto os grandes clubes esportivos podem contar com a (gratuita) participação da polícia estatal? Por que o estado financia grandes empresas, como as montadoras, com a convicção de que estes mais cedo ou mais tarde criarão postos de trabalho enquanto os pequenos empresários não recebem nada? E por que quando 1000 pequenos negócios tem que mandar embora um empregado cada, não acontece nada enquanto quando uma grande empresa tem que demitir 1000 funcionários ocorre uma revolta popular? Por que às grandes empresas é permitido negociar com o fisco enquanto aos pequenos não resta outra alternativa senão pagar quietos e sorridentes? A verdade é que a culpa desta discriminação, mesmo que isso não seja dito pelos intelectuais estatistas, não reside na propriedade (ou seja, na diferença de tamanho da riqueza das partes envolvidas), mas no maior ou menor poder político de que gozam as partes. Que os ricos tenham mais facilidades de se aproximar do poder político podemos concordar, e as razões para isto são inúmeras, mas no sistema de democracia liberal, que se apoia em duas pernas, política e mercado, a perna manca é aquela da política e não a do mercado.

Deve-se acrescentar outra consideração.

Num sistema de livre mercado que não imponha concessões, licenças, permissões estatais para exercer uma atividade, qualquer um teria a possibilidade de se “inventar um trabalho”. Haveria a possibilidade de sair da miséria, pelo menos um pouco, fazendo trabalho que os outros não podem ou não desejam fazer. Trabalhar de engraxate é melhor que ser mendigo, vender bugigangas feitas à mão é sempre melhor que pedir esmolas, e assim por diante. Ou ainda seria possível oferecer serviços para aqueles que hoje não os podem usufruir. Em alguns países é comum encontrar taxistas “piratas” (sem licença estatal) que atendem nas zonas pobres. Os pobres não podem se permitir pagar os preços de cartel dos licenciados oficiais e de qualquer jeito estes últimos se mantêm distantes de certas áreas da cidade por que tem menos clientes ou por acharem muito perigosa. Sem a necessidade de licenças um grupo de mães poderia abrir uma creche em casa, ajudando assim a vizinhança. Mas hoje nada disso é possível. Podemos imaginar centenas de trabalhos que "até ontem" se faziam em casa (sem nenhuma necessidade de licença) e que hoje são regulamentados e taxados, assim tornando-os menos convenientes para quem os realiza e para quem os consome: cabeleireiro, esteticista, empalhador de cadeiras, alfaiate etc. Seriam todos trabalhos que poderiam ser exercidos por pobres voluntariosos, mas que cada vez menos são exercidos por obstáculos burocráticos e fiscais. A solução para estas pessoas acaba por ser a de desistir por completo de procurar um trabalho e buscar se manter através do estado, fazendo crescer ainda mais a pobreza no sistema.

Capítulo 5

Ambiente

1
Como Gerir Aquilo "Que Pertence A Todos" No Livre Mercado?

"É impossível fazer um homem mais sábio
tirando dele a liberdade de ação.
O homem só aprende quando é livre para agir."
– Auberon Herbert

Decidimos dedicar uma seção interia do livro aos problemas ambientais por que eles fornecem um exemplo prático dos limites (na realidade, como veremos, mais teóricos que práticos) que as teorias libertárias encontram quando pode haver dificuldades na aplicação dos direitos de propriedade.

Qualquer um de nós pode comprovar, no seu dia a dia, como a maioria das pessoas tende a ter uma consideração distinta entre os espaços públicos e os espaços privados. Se andamos pela rua e queremos jogar fora a bituca do cigarro (não vamos debater sobre o gesto que segue sendo uma atitude recriminável) provavelmente 99% das pessoas a jogará na calçada, na rua, num mato, mas num local público. Dificilmente jogaremos a mesma bituca num jardim privado e isto por que existe um tipo de regra não escrita que nos leva a considerar que tudo que é de todos não é de ninguém.

Este pensamento é facilmente compreensível. Em termos de externalidade nosso gesto causou um dano que, se "diluído" entre todos os proprietários da coisa publica (por exemplo, entre todos os cidadãos brasileiros) é irrisório. Nenhum cidadão se sentirá pessoalmente prejudicado, e se algum reagir o fará mais no sentido de tentar ensinar um comportamento correto do que para fazer valer o seu direito a ser reembolsado. Se ao contrário, tivéssemos jogado a bituca num jardim privado e fossemos vistos, poderíamos despertar a ira do proprietário que poderia fazer valer o seu direito de propriedade e nos levar a um tribunal (ou simplesmente nos expulsar de sua propriedade e nos banir).

A primeira conclusão que podemos chegar é que se o mundo fosse privado, ou seja, se cada pedaço de terra tivesse um dono, este mundo seria mais limpo. Os proprietários das ruas poderiam por contrato impor pesadas multas aos seus clientes (motoristas e pedestres) que fossem surpreendidos jogando bitucas de cigarros no chão, mas diferente do estado, eles teriam um forte incentivo para fazer respeitar essa regra.

Obviamente podemos aplicar o raciocínio a qualquer outra forma de poluição. Se alguma coisa é de alguém podemos estar certos que ninguém mais do que ele terá incentivos para defendê-la. Sempre que estes princípios foram aplicados (infelizmente não tão frequentemente como deveria) os resultados foram rápidos.

Os elefantes do Zimbábue pertencentes às vilas que com eles criaram riqueza, seja pelo turismo, seja pelo marfim (dos elefantes mais idosos) se salvaram da extinção e a cada ano continuam a se reproduzir. Os do Quenia ao contrário, protegidos em enormes parques nacionais sob a guarda de guardas mal pagos e corruptíveis, estão quase extintos, vítimas de caçadores sem escrúpulos. A privatização de partes do mar da Noruega permitiu à população de salmões, durante uma época bastante reduzida, se reproduzir de tal forma que hoje eles têm um "problema" oposto, uma abundância de salmão e uma queda nos preços. As florestas canadenses são frequentemente vítimas de incêndios que são consequências da folhagem depositada no solo e de árvores secas, enquanto as madeireiras americanas, concessionárias ou proprietárias de verdadeiras florestas tem todo o interesse de manter suas propriedades, que para elas são sua fonte de renda, em ordem, retirando a folhagem do solo e abatendo as árvores mais velhas, e sempre reflorestando por que sabem que a riqueza deles nos anos que virão virá propriamente destas novas árvores.

2
O Que São os "Resíduos" e os "Recursos"?

Outro erro que cometem os ambientalistas é o de serem precipitados na definição de conceitos como resíduos e recursos. Quotidianamente ouvimos afirmações do tipo "os recursos vão acabar" ou "produzimos muitos resíduos". Estas afirmações, além de serem excessivamente catastróficas, mesmo que interpretando os conceitos na sua definição mais comum, são totalmente equivocadas. Eles partem de uma definição de recursos e resíduos completamente errada.

Pressupõe-se que os recursos sejam limitados tirando uma fotografia do mundo como é hoje e a aplicando ao futuro. E isto não faz justiça ao que o progresso tecnológico logrou até hoje e àquilo que continua a realizar. Antes que se descobrisse como fazer a gasolina a partir do petróleo e como utilizar a gasolina nos motores à combustão, os campos do Texas pareciam a todos inúteis terrenos, pântanos repletos de um liquido negro fétido, que não serviam para a criação de gado. De repente um dia o petróleo se tornou um recurso (hoje) indispensável à humanidade. Este processo tem ocorrido sempre, em todas as áreas da ação humana. A prata foi primeiramente usada na fabricação de joias, depois para a fotografia e hoje esta foi substituída pelo processo de fotografia digital, a serragem é usada nos conglomerados, os descartes da produção de comida são usados para produzir ração animal, o vapor resultado de processos industriais hoje é usado em algumas empresas como fonte de energia, e assim por diante. Alguém resumiu esta consideração numa frase emblemática: *a idade da pedra não acabou por que as pedras acabaram!* Nós adicionamos... Provavelmente a era do petróleo não acabará pelo fim do petróleo, mas antes, quando o mercado, a inventividade humana, a pesquisa, substituir o petróleo com outra fonte de energia mais eficiente.

O homem soube transformar em recursos aquilo que parecia inútil ou que era considerado resíduo. Hoje os processos de reciclagem permitem obter cada vez mais energia dos resíduos urbanos. Aquilo que para alguém é um resíduo pode ser para outro uma fonte de riqueza. É possível prosperar com os resíduos!

3
O Desenvolvimento Prejudica o Ambiente?

"Quando se perde a liberdade, a vida se torna precária sempre miserável e muitas vezes insuportável."
– John Trenchard & Thomas Gordon

Absolutamente não.

Simplificando podemos dividir o desenvolvimento de um determinado modelo social em três fases. A fase primitiva, a fase industrial e a fase pós-tecnológica.

A fase primitiva inclui os povos que vivem num mundo livre de poluição, onde as pessoas vivem em estreito contato com a natureza, e onde a vida é estritamente regulada pelo ritmo da própria natureza. Podemos pensar nos povos amazônicos, nos aborígenes, e na realidade centro-africana. Embora estas populações vivam de um modo completamente puro, elas ainda não se libertaram das condições da natureza e estão à mercê de doenças, morte prematura, e em geral se encontram numa condição social de miséria. Estas populações não conhecem a poluição ambiental, mas não se encontram por isto numa condição paradisíaca.

A segunda fase é a industrial. É a fase que atravessam hoje países como China, Índia, Rússia e Brasil e é a fase de desenvolvimento que atravessaram Europa e Estados Unidos algumas décadas atrás. Nesta fase a exigência principal das populações é o crescimento econômico. Os ritmos de crescimento são vertiginosos e a indústria pesada lidera esse movimento. Neste caso a poluição cresce rapidamente, mas ao mesmo tempo cresce a riqueza destas populações e o nível de formação cultural. As pessoas migram do campo para se estabelecerem nas cidades e com o trabalho começa também um processo de formação social. Realizam a troca de informações, adquirem consciência social e são confrontados com outros indivíduos. Gradualmente este processo leva a uma maior consciência das próprias necessidades e permite adquirir, além de outras coisas, uma consciência ambiental. As sociedades mais ricas apreciam as vantagens trazidas pelas indústrias, mas, pouco a pouco, uma vez que estes benefícios começam a ser dados como "adquiridos", procuram melhorar o estilo de vida não apenas do ponto de vista econômico, mas também daquela mais geral do bem estar. A preocupação com o meio ambiente, mas também a cultura do tempo livre, do esporte, informação, todos estes se tornam elementos de uma nova maneira de viver.

Na terceira fase, a fase pós-industrial (que o mundo ocidental começa a atravessar agora) as populações começam a se deparar com um novo modelo de desenvolvimento social, um desenvolvimento compatível com o ambiente que graças à tecnologia consegue melhorar o equilíbrio com os fatores naturais. Das baterias recarregáveis às lâmpadas de longa vida, dos filtros nas fábricas às fontes alternativas de energia, em cada setor a tecnologia parece ajudar as relações dos homens com o ambiente que os circundam. A maior parte dessa melhora na relação com o meio vem da informática e mais especificamente da digitalização da informação. Calcula-se que por volta de 2015-2020 a metade da população europeia trabalhará de casa. Isto em termos de impacto ambiental significa a metade dos automóveis em circulação, uma economia de papel e transporte de correspondência (substituídos pelo email), e um maior tempo livre para as famílias. Um enorme impacto ambiental está ocorrendo também devido ao arquivamento digital de conteúdo. Num CD-ROM podemos inserir as mesmas informações contidas em mais de 20.000 paginas de texto (equivalente a muitas árvores), e na internet, em breve, será possível encontrar todos os livros do mundo.

Estamos atualmente enfrentando uma fase de transição na qual estas tecnologias estão enfrentando a sua maturação. Nos próximos anos já estão previstas numerosas invenções que facilitarão, e acelerarão este processo. O e-book fornecerá a mesma liberdade e facilidade de uso do papel, a energia solar ou eólica serão cada vez mais utilizadas e de modo cada vez mais eficiente, os motores à combustão se tornarão cada vez mais eficientes até que sejam substituídos por outros de outro tipo. Ninguém é capaz de prever o que ocorrerá dentro de algumas décadas ou séculos. O desenvolvimento humano certamente, se deixado livre para agir, nos levará ao melhor mundo possível, no sentido de que os consumidores do futuro terão à sua frente escolhas sempre mais compatíveis com a preservação do ambiente e mais geralmente com o bem estar.

Pode parecer óbvio, mas é o caso de dizer: quanto mais uma sociedade é rica, mais ela deseja viver bem, num mundo limpo, e com tempo livre à disposição. A solução para os problemas ambientais então não é aquela de frear o desenvolvimento, mas ao contrário, favorecê-lo. É preciso tornar todos mais ricos. Pode parecer um paradoxo, mas não é: consumir mais energia nos permite produzir mais, produzir mais nos permite criar mais bem estar, e mais bem estar significa também mais atenção com o meio ambiente.

4
O Que é Verdadeiro nas Catástrofes Anunciadas?

Pouco ou nada. Trinta anos atrás os ecologistas alardeavam o resfriamento global enquanto hoje o inimigo é o aquecimento e alguns já não mais falam nestes termos, mas dizem apenas "mudanças climáticas". Antes era o DDT, hoje é o "eletrosmog" (radiação eletromagnética emanada de aparelhos eletrônicos). Infelizmente há uma tendência, cada vez mais na moda, de perceber a natureza intocada como uma espécie de paraíso na Terra e por outro lado considerar cada ação humana como digna de desprezo. O homem está destruindo a natureza, e fazendo assim está destruindo a si próprio para ser o grito das massas.

A realidade é bem diferente. Jamais estivemos tão bem neste planeta. Nunca tivemos tão poucas doenças. Vivemos por mais tempo, o número de habitantes cresce diariamente, na maior parte das zonas do mundo a fome foi erradicada. Os pobres de hoje estão muito melhor que os pobres de antigamente, e, se analisarmos criticamente, tudo leva a crer que teremos um futuro melhor. Em muitos setores a tecnologia avança exponencialmente. Somos capazes de cada vez mais desfrutarmos melhor das fontes de energia que nos circundam, otimizando o consumo e por sua vez a produtividade. Ao mesmo tempo a energia jamais custou tão pouco (pensemos na diferença de custo da energia em Watts que um cavalo alimentado, tratado e cuidado produz durante toda a sua vida e aquela contida em um grama de urânio).

No entanto, todos os dias os catastrofistas inventam uma. Comer um determinado alimento, viver num lugar específico, respirar certo ar pode matar. Consumir certo produto, matar aquela planta, pode levar a raça humana à extinção.

A origem deste comportamento contém aquele que parece ter se tornado o mantra deste início de novo milênio. O princípio da precaução. Tal princípio estabelece que, uma vez que não somos capazes de estabelecer com certeza absoluta que uma coisa "não faz mal" então tal coisa deve ser proibida.

Qualquer um que tenha o mínimo de noção de metodologia científica sabe que este comportamento é risível. A ciência (a partir de Galileu) nunca mais teve a pretensão de ter uma certeza absoluta. A ciência sabe que qualquer processo do tipo físico, químico, mecânico ou outro é regulado por leis, teorias, princípios que permitem calcular a evolução com certa margem de incerteza, talvez pequena, mas sempre presente. Isto se deve aos erros de medição, fatores externos imprevisíveis, e mesmo às leis quânticas. Sem nos perdermos em digressões deste tipo, queremos destacar aqui que o princípio da precaução, por si só, está baseado numa premissa errada.

Obviamente que a burocracia estatal estava pronta para abraçar o "neoverbo" do milênio. Em nome deste princípio hoje se pode legislar, julgar e condenar sem a necessidade de se demonstrar nada. Em nome deste princípio já fizeram o amianto obrigatório (para evitar acidentes) e depois o proibiram por que descobriram que pode contribuir para a formação de tumores. Sempre por este princípio alguns anos atrás era proibido acender os faróis dos carros de dia hoje não só é permitido, mas em estradas é obrigatório...até a próxima pesquisa (e a próxima lei inútil para o benefício de algum amigo lobista de políticos). E ainda hoje se diz que não existe absoluta certeza da periculosidade das ondas eletromagnéticas, embora nos últimos 30 anos tenham sido escritos mais de 20.000 artigos científicos sobre o tema. A precaução leva o Brasil à proibição de camas de bronzeamento, creatina, fumo em propriedades privadas abertas ao público entre tantos outros absurdos e injustificáveis abusos de poder.

5
Como Pode o Direito de Propriedade Ajudar o Ambiente?

"O que é comum entre muitos está sujeito a menos cuidado, por que os homens tem mais respeito com aquilo que é deles próprios que com o que tem em comum com os outros."
– Aristóteles

Já vimos como o Teorema de Coase sugere que se resolva qualquer conflito entre indivíduos sem a necessidade de um terceiro elemento, e já vimos também como aplicando corretamente o direito de propriedade qualquer tema pode ser abordado de forma mais racional e mais eficiente para todas as partes. Com o ambiente não é diferente. Certamente que em alguns casos fica difícil avaliar se e quais direitos estão sendo violados, ou porque o dano atinge comunidades muito extensas (pense numa fábrica que polui o ar), ou pode ser difícil quantificar. Isto não deve impedir que a pesquisa jurídica deva andar na direção de uma definição mais clara das externalidades e que ela deva, ao contrário, frear cada ação de desenvolvimento, talvez em nome de um cada vez mais brandido "principio de precaução".

Pensemos por exemplo na agricultura de alimentos geneticamente modificados (transgênicos). Querem proibir, ou regulamentar fortemente, tanto a produção quanto a venda. Já vimos que os consumidores devem ter a possibilidade de encontrar nas prateleiras todas as opções possíveis, e se a maioria não quer um produto, ela simplesmente não o comprará. Aqui queremos falar apenas do cultivo. Uma das principais objeções aos transgênicos é que não é possível semear um campo com sementes transgênicas sem estar absolutamente certo que o vento, abelhas ou pássaros não acabariam por poluir os terrenos vizinhos.

Primeiramente se aplicássemos este principio deveríamos evitar que as pessoas passem perto das casas (por que poderiam entrar), que toquem os objetos (por que os poderiam roubar), e assim por diante. A violação à propriedade dever ser punida, mas DEPOIS que ela aconteceu.

Em segundo lugar queremos sublinhar que estes problemas já acontecem hoje. Um fertilizante jogado num campo acaba atingindo o campo do vizinho, tanto pelo ar quanto pela água. As abelhas de um apicultor acabam por violar a propriedade indo buscar pólen nos pomares dos vizinhos. A sombra de uma árvore do jardim do meu vizinho me impede de tomar sol, e assim vai.

Enfim, é admirável que a rapidez ao apontar (possíveis) problemas dos direitos de propriedade não é infelizmente aplicada na pesquisa por soluções como estufas, áreas de separação entre uma plantação transgênica e uma de outro tipo, ou a criação de distritos onde os transgênicos possam ser cultivados.

Tomamos como exemplo os transgênicos, mas na verdade temas deste tipo são recorrentes em cada caso de conflito ambiental. O mais importante é demonstrar o dano (ou violação), quantificá-lo e eventualmente puni-lo. Mas proibir um processo produtivo por si só não resolve o problema e limita a liberdade dos indivíduos.

Imaginemos agora um mundo no qual cada pedaço do planeta tivesse um proprietário, inclusive os recursos ambientais. Imaginemos que, por qualquer motivo, um empresário comece a cortar todas as árvores com fins lucrativos. O que ocorrerá no nosso "mercado de árvores?" Certamente que conforme for prosseguindo seu trabalho de derrubada de árvores o valor delas subirá e logo seu preço no mercado. Cada árvore que o nosso empresário cortar valerá mais que a anterior, por que como sabemos ao diminuir a oferta (de árvores) o preço sobe. Quando acabará o massacre das árvores? Ele acabará quando uma árvore abatida tenha um valor menor que uma árvore viva. Uma hipotética "última árvore na face da Terra" teria um valor altamente proibitivo que ninguém, respeitando o direito de propriedade, poderia cortá-la. Na realidade o que ocorre numa situação como a proposta, plantar árvores se torna rentável e esta operação (de aumento de oferta) leva a uma procura de um equilíbrio entre oferta e demanda. É de fato o que ocorre nas florestas norte-americanas, onde para cada árvore abatida é plantada uma nova: isto, porém não ocorre graças a uma "iluminada" lei estatal, mas por que o dono da floresta sabe que assim poderá ter lucros também no futuro.

6
Planificar a Cidade Para Ajudar o Ambiente?

"Nada é tão permanente quanto
um programa provisório do governo."
– Milton Friedman

Uma das áreas em que se veem ambientalistas e burocratas competirem pelo poder de decisão é o planejamento urbano. Os aglomerados urbanos, se por milênios nasceram, cresceram e desenvolveram por causas naturais (proximidade a um rio, posição de controle sobre um vale etc.) ou causas históricas (proximidade com outra cidade, a um símbolo religioso etc.) hoje ao invés disso nascem numa mesa, entre quatro paredes, em longas discussões entre políticos, mas também empresários e ambientalistas.

A ideia básica é que um planejamento do alto das várias zonas da cidade, dos centros comerciais, das áreas residenciais, das zonas industriais, dos portos e aeroportos, as vias principais, em um único plano regulatório favoreça o desenvolvimento compatível com as exigências dos cidadãos. Os planejadores querem saber quantas casas são desejáveis para cada loja, quantas ruas são necessárias para cada carro, e até a distância que as indústrias têm que ter das áreas residenciais para não causar incômodos, entre outros.

Como já vimos o planejamento jamais se apresenta como o sistema mais eficiente e o planejamento urbano não é exceção. Neste caso o dano é dobrado. O estado definindo áreas edificáveis e não edificáveis está na verdade arbitrariamente estabelecendo preços nas propriedades imobiliárias. Aqui não falamos do preço de uma maçã ou de um televisor, mas as cifras em jogo são enormes, e fica evidente o quanto isso é perigoso. A corrupção é a ordem do dia. Os administradores locais e empresários próximos ao poder dividem entre si as áreas edificáveis que tem o valor várias vezes maior que aquelas não edificáveis. Para o prefeito em exercício, e para o planejamento urbano, é dado um poder enorme. Com uma canetada se decide num segundo quem é rico e quem é pobre. Ao invés de deixar ao mercado a escolha de qual terreno é mais valioso (por localização, geografia, proximidade a centro comercial ou outro motivo qualquer) isto é decidido numa mesa com todas as possibilidades de corrupção que podemos imaginar...ou ler nos jornais.

A cidade de Houston, nos Estados Unidos, nasceu sem um plano regulatório. Algumas vezes no passar dos anos alguns quiseram fazer um referendo para instituir um planejamento, mas sempre foi rejeitado. Mas como pode a cidade do Texas ter se desenvolvido e crescido tanto sem um planejamento? Mais uma vez a resposta deve ser procurada na aplicação (firme e total) dos direitos de propriedade.

Isto fez com que os habitantes escolhessem de tempos em tempos o que lhes parecesse mais cômodo, e como reduzir os conflitos com os vizinhos. Por este motivo as indústrias, que não tinham nenhuma proibição de se instalar nos centros residenciais, preferiram se instalar nas zonas industriais, mais próximas às estradas ou ao aeroporto de onde podiam escoar sua produção mais facilmente e evitar reclamações de vizinhos quanto à poluição sonora. Do mesmo modo as lojas preferiram se instalar nos centros comerciais e não entre uma casa e outra. Isto ocorre simplesmente por que neles as lojas têm mais clientes e menos problemas do ponto de vista dos direitos de propriedade. Os próprios centros comerciais são proporcionais às comunidades que servem. Construir demais teria sido uma estratégia falimentar por que ocasionaria uma disparidade de oferta em relação à demanda, enquanto construir de menos teria deixado os cidadãos com falta de lojas, coisa que um mercado "não quer". Enfim, a cidade de Houston não deve nada às outras grandes cidades americanas, e a ausência de um planejamento urbano não apenas não trouxe consequências negativas, mas junto com a aplicação do direito de propriedade favoreceu um desenvolvimento compatível com as demandas dos cidadãos.

7
O Que São as "Cidades Privadas"?

"Não quero abolir o estado, quero apenas que ele fique tão pequeno que eu possa dar a descarga nele"
– Grover Norquist

Em alguns casos comunidades foram além. Em várias partes do mundo existem numerosos exemplos de "cidades privadas", comunidades onde cada serviço é oferecido pelo livre mercado. Esgoto, sistemas de água, ruas, preservação e manutenção das áreas verdes, transporte "público", segurança, mediação dos conflitos, tudo isso é gerido pela iniciativa privada e na base dos contratos. Quem compra uma casa numa destas "cidades privadas" aceita um regulamento, ou seja, assina um contrato. As leis que regulam esta comunidade são então voluntariamente aceitas por todos os habitantes. Desta maneira os moradores sabem de pronto quais são os limites de seus atos. Algumas destas cidades têm ainda mais regras que cidades "normais". Em algumas delas, por exemplo, é proibido ter animais, em outras é proibido até ter crianças, e em algumas até, todos devem ter a mesma cor de pele. Mas o princípio é sempre o mesmo. Primeiro é aceito voluntariamente um sistema de regras que deve ser seguido e respeitado.

Os exemplos são tantos que hoje se calcula que nos Estados Unidos cerca de 30 milhões de pessoas vivam em cidades privadas de quaisquer tipos. Além disso, devemos considerar navios de cruzeiro, shopping centers, hotéis: todos oferecem serviços "públicos" e respondem somente aos seus proprietários. Em outros casos ao contrário existem propriedades privadas de caráter mais democrático como clubes ou condomínios (nos quais vivem pessoas adultas e responsáveis).

Nos Estados Unidos, a vanguarda para esta realidade, existem comunidades de todos os tipos que criaram várias cidades privadas. Alguns o fizeram por motivos religiosos, outros por razão de segurança (escolhendo uma polícia privada e renunciando à proteção pública), outros ainda o fizeram por estilo de vida (aqueles que não querem crianças, que não querem animais etc.). Existem exemplos de cidades privadas como a Disney, que a cada dia hospeda 150 mil visitantes (que lá dormem também) ou outras como Arden, uma espécie de paraíso para 500 habitantes.

Estas comunidades provêm para todos tudo aquilo que necessitam: sistema de água e esgoto, fornecimento de energia, ruas e áreas verdes. Muitas destas cidades demandam se separar do governo e, sobretudo parar de pagar impostos. Algumas pessoas reclamam que estas cidades são exclusividade dos ricos, das elites, dos bem de vida, e tem razão. Infelizmente, mais uma vez, a culpa é do estado. Como vimos no caso da saúde e da escola, também aqui as camadas sociais menos favorecidas, aquelas que depois de terem pagado os impostos não lhes sobra nada, não podem se permitir pagar novamente do bolso por todos estes serviços e não podem então obter "luxos" deste tipo.

Capítulo 6

O Estado e a Moeda

1
O Maior Roubo da História?

"Se as pessoas compreendessem o nosso sistema monetário e bancário, teríamos uma revolução amanhã de manhã."
– Henry Ford

Vimos como o estado impõe sua presença com a força, e como ele pratica quotidianamente o roubo através dos impostos. Vimos como a maioria, ou melhor, a minoria organizada, sequestra a nossa liberdade explorando a classe produtiva para manter uma classe parasitária que vive nas costas dos primeiros.

Tudo isto é nada se comparado com aquilo que o estado faz com a moeda. Nesta seção veremos como, durante os séculos, o estado se apropriou sorrateiramente das riquezas dos indivíduos, e especialmente como fez tudo isso escondido do cidadão comum.

Se pedíssemos às pessoas que encontramos nas ruas para nos explicarem o funcionamento do nosso sistema monetário, a maioria delas não saberia nem por onde começar. A intenção deste capítulo não é esmiuçar toda esta questão, complexa em todos os seus aspectos, mas a de fornecer ao leitor uma ideia daquilo que os governos de todo o mundo fizeram com nossos bens. Aquilo que iremos descrever não tem nem ao menos a intenção de ser explicado em ordem cronológica: mesmo que normalmente os processos tenham se desenvolvido de formas e em tempos diferentes, hoje podemos dizer que aquilo que diremos é válido para quase todos os países do mundo.

Hoje todos nós utilizamos notas, cheques, cartão de crédito com a maior naturalidade. Fazem parte do nosso modo de viver e de interagir com o mercado. Presumimos que a moeda (papel, moeda metálica, e também a eletrônica) seja um meio natural de realizar as trocas dentro de um livre mercado, mas isto está longe de ser verdade.

Vejamos o que é a moeda e como ela nasceu.

2
Como Nasceu a Moeda?

No princípio havia o escambo. Podemos dizer que a prática de trocar os próprios bens com aqueles dos vizinhos tenha nascido com o próprio homem. Quando os primeiros *homossapiens* começaram a se especializar se encontraram com mais bens de um tipo e menos de outro, daí emergiu a necessidade (e as vantagens) das trocas. Um colhedor de frutas podia trocar seus produtos com um caçador, um construtor de moinhos podia trocar o seu produto com o de um criador de gado, e assim por diante.

Com o crescimento dos grupos sociais o escambo passou a ser insuficiente. Não era prático encontrar bens do mesmo valor para trocar. Poderia acontecer que por um javali pudesse ser cobrado 500 maçãs, das quais o caçador pudesse não ter necessidade no momento. Ou poderia ter apenas o problema do transporte e da conservação.

A criatividade humana levou à adoção de um "denominador comum", um bem que fosse aceito por todos, que tivesse um valor definido, bastante pequeno e suficientemente estável no tempo, não perecível, e que fosse facilmente transportável. Nascia assim a primeira moeda. Acredita-se que entre as primeiras moedas utilizadas estivessem as conchas. Ainda hoje um tipo específico de concha se chama *Cypraea Moneta* e traz o nome do uso que se crê que ela tenha tido. A primeira moeda deve ter sido certamente algo que fosse bastante raro, mas não muito. Algo que uma pessoa ao passar o dia procurando e recolhendo, teria, junto à comunidade, um valor equivalente a um dia de trabalho no campo ou caçando. Provavelmente no início o valor atribuído tenha nascido de exigências estéticas (para um colar ou algum outro tipo de joia) e apenas depois começou a ter um papel de prático meio de troca.

De qualquer maneira que tenha ocorrido, o fato é que agora os homens tinham algo para facilitar as trocas e o comércio.

3
Por Que o Ouro Venceu no Mundo?

"O poder em si é que é ilegítimo, o melhor governo
não tem mais direitos que o pior."
– Stuart Mill

Com a ampliação das trocas e com o crescimento das comunidades lentamente foi adotada uma moeda universal. As velhas conchinhas (ou em outros lugares pérolas, pedras preciosas ou outros) foram gradualmente substituídas pelo ouro. Este metal tinha todas as características para predominar.

O ouro além de ter as mesmas qualidades das conchas, ainda tinha outras. Estava espalhado de modo homogêneo no mundo todo, era facilmente trabalhado qualquer que seja o corte, e não era (ao contrário das conchas) sujeito a quebrar. Era facilmente transformado em pó ou em lingotes.

Enfim, o ouro, como a maior parte das mercadorias, podia ser trocado a peso. Este era um sistema bem mais prático e objetivo que o "bonito ou feio" utilizado para muitas outras joias e que o "bom ou ruim" utilizado para os alimentos.

4
O que é "Senhoriagem"?

> "Se os americanos permitirem aos bancos controlarem as emissões da moeda usada, seja com inflação ou com deflação, os bancos e as corporações que prosperam ao redor deles expropriarão as pessoas a tal ponto que os nossos filhos acordarão um dia sem absolutamente nada neste continente ocupado pelos nossos pais. O poder de emitir moeda deveria ser tolhido dos bancos e devolvido às pessoas. Sinceramente acredito que instituições bancárias que tenham o poder sobre a moeda sejam mais perigosas para a liberdade que a existência de exércitos permanentes."
>
> – Thomas Jefferson

As autoridades, os chefes de vilas, reis ou imperadores, começaram a cunhar "moedas estatais", pedaços de ouro (e outros metais menos ou mais preciosos) em determinadas formas e pesos. A forma circular e incisões laterais garantiam que a moeda não fosse raspada, e o rosto do Rei servia para indicar o estado que a cunhou. Por fim vinha indicado o valor da moeda, inicialmente correspondente ao próprio peso da moeda.

Por exemplo, uma moeda de 100 pesava 100 gramas e trazia inscrito o numero "100". Em seguida, porém o rei (ou outras autoridades) começou a exigir o chamado direito de senhoriagem. As moedas emitidas tinham um valor real diferente do valor nominal (expresso na própria moeda). Uma moeda que trazia gravado "100" tinha, por exemplo, apenas 98 gramas de ouro.

O estado reclamava os 2 gramas "a mais" para si. Inicialmente a subtração do ouro era justificada com o argumento dos custos reais de cunhagem (fusão do ouro, maquinário, distribuição da moeda).

É fácil, porém compreender como a tentação de aumentar as margens de senhoriagem, que mesmo sendo coercitiva podia ser justificada como serviço (cunhar a moedas iguais, com sistema antifraude etc.), tenha sido sempre tão grande.

Os governos começaram a reter injustamente sempre uma parte cada vez mais substanciosa do metal precioso, cunhando moedas nas quais o valor real se distanciava cada vez mais do valor nominal.

Os cidadãos eram obrigados a aceitar estas moedas porque recusá-las significava recusar a própria figura do rei (estampada num dos lados da moeda) que garantia o seu valor.

O rei, por exemplo, podia ir a uma joalheria e comprar 100 gramas de ouro pagando com uma moeda de "100" que na realidade tinha apenas 80 gramas de ouro.

Na China, como podemos ler numa passagem de *As Viagens* de Marco Polo, este "direito" de senhoriagem vinha aplicado mesmo em notas bancárias, absolutamente privadas de valor real, mas que deveriam ser aceitas por todos os chineses, em homenagem ao Grande Khan que as havia emitido.

É verdade que a casa da moeda do grande senhor dos tártaros encontra-se na cidade de Cambaluc. Tudo ali está arranjado de tal maneira que se pode dizer que o Grã-Crã domina por completo a alquimia, conforme vou relatar: para se fazer uma determinada moeda, ele faz trazer uma casca de árvore chamada gelso. Da parte fina que se encontra por baixo da camada mais grossa, são feitos papéis que são como algodão. Depois eles são cortados em vários tamanhos como notas.

Há cédulas pequenas que valem uma medalha de tornesello; outras equivalem a uma moeda de prata de Veneza, ou meia moeda e ainda outras que valem duas moedas, cinco ou dez; também há notas no valor de um bisante de ouro, ou dois, três e por aí em diante até dez bisantes.

Todos esses papéis trazem o selo do Grã-Crã, que manda emitir tantas cédulas quantas o seu tesouro possa pagar. As notas servem para fazer qualquer tipo de pagamento; elas são distribuídas por todas as províncias e terras sobre as quais tem senhoria; ninguém se atreve a recusá-las, sob pena de pagar com a própria vida. E assim posso dizer que todas as pessoas e reinos do Grã-Crã usam essas moedas, como meio de pagamento em qualquer tipo de comércio, seja de pérolas, ouro, prata, pedras preciosas ou qualquer outra coisa.

A nota que vale dez bisantes não pesa sequer um; na maior parte dos casos, os mercadores trocam por pérolas, ou por ouro, ou por outras coisas caras. Muitas vezes, eles trazem ao grande senhor mercadorias em ouro e em prata no valor de quatrocentos mil bisantes; o Grã-Crã manda pagar tudo com esse dinheiro e os mercadores recebem de boa vontade, porque podem gastá-lo em todo o país.

Outras vezes, o grande senhor manda afixar editais avisando para qualquer pessoa que tenha ouro ou prata, ou pedras preciosas, ou pérolas ou qualquer outra coisa cara, entregar estes valores no banco imperial, sendo pago imediatamente em notas. Deste modo, ele recolhe tanta mercadoria que é um verdadeiro espanto.

Se uma pessoa rasga ou estraga uma destas cédulas, pode ir ao banco e imediatamente ela é trocada; recebe outra nova e bela, mas deixando por conta 3%. Ficai sabendo também que se alguém precisar de prata, por exemplo, para fazer determinado objeto, é só ir ao banco do Grã-Crã e trocar notas em seu poder, assim obtendo toda prata que quer, pagando em papel-moeda, conforme o valor do metal.

Esta é a razão pela qual o Grã-Crã tem mais ouro e prata que qualquer outro senhor do mundo. Tenho dito assim que, juntos, todos os senhores do mundo não tem tanta riqueza quanto o Grã-Crã sozinho.[4]

O estado se apropriando de parte ou de todo o valor real da moeda, havia lançado o processo de inflação. De fato o que havia ocorrido era que agora circulava mais moeda que riqueza real e a primeira consequência foi a perda de poder de compra da moeda. Havendo riqueza criada do nada (através da criação de notas com apenas valor nominal) se o estado ganhava alguém deveria então perder.

Quem perdia era a população produtora, aqueles que eram coagidos a aceitar a moeda do estado. A inflação, que é a desvalorização da moeda, não é outra coisa senão um imposto, ou seja, um roubo.

Este processo foi depois acelerado com o nascimento dos bancos.

[4] As Viagens de Marco Polo, Marco Polo (Edliouro)

5
Como Nasceram os Bancos?

"Os sistemas bancários modernos produzem moeda do nada. O processo é talvez a mais espantosa fraude que já foi concebida pelo homem. A atividade bancária foi concebida na iniquidade e nasceu no pecado. Banqueiros possuem o mundo, tire isso deles, mas deixe com eles o poder de criar depósitos e, com uma canetada, eles criarão depósitos suficientes para comprá-lo de volta. [...] Se quiser continuar a ser escravo dos banqueiros e pagar o custo da sua escravidão, deixe que eles continuem a criar depósitos."

– Sir Josiah Stamp

Na Europa durante a Idade Média, começaram a se espalhar os primeiros bancos. Os primeiros banqueiros eram ricos comerciantes que viram na oferta de serviços relacionados a custódia e transporte de bens preciosos uma valiosa fonte de ganhos.

Para evitar ter que transportar bens preciosos por centenas de quilômetros, e correr assim o risco de serem saqueados, alguns comerciantes e ricos nobres começaram a usar o serviço bancário. Antes de partir para uma longa viagem, eles depositavam certa quantidade de ouro em um banco (por exemplo, 100 quilos) e recebiam em troca uma nota, ou seja, um documento do banco que comprometia um banco amigo, com sede na cidade de destino, a restituir 100 quilos de ouro ao portador. Obviamente que os bancos cobravam uma certa quantia estabelecida pelo serviço. Este era sem duvida um serviço comercial e certamente o preço cobrado pelo banco era vantajoso se confrontado com aquele das enormes escoltas armadas necessárias para o transporte, ou pior ao do risco de perder as economias de toda uma vida.

As notas bancárias então começaram a circular e a adquirir "vida própria". De fato, muitas vezes ocorria que estas notas eram passadas de mão em mão sem jamais virem a ser descontadas (convertidas em ouro). Ancestral das notas modernas estas eram por tudo e por todos consideradas dinheiro por que traziam impressas as marcas de um banco que era sinônimo de garantia.

Os banqueiros, assim que compreenderam este processo, se deram conta que poderiam utilizar o ouro que estava em seu caixa por que era muito improvável que todos os seus clientes viessem a reclamar o ouro ao mesmo tempo. Assim começaram a imprimir outras notas e este procedimento os permitia criar riqueza do nada, como até este momento somente o estado havia feito. Evidentemente que estes não poderiam imprimir dinheiro infinitamente, por que se o banco em questão "esticasse demais a corda" seria considerado pouco confiável e de supetão todas as notas impressas por este banco se tornariam nada mais que papel. Era uma questão de fazer circular uma razoável quantidade de notas.

Os bancos privados, como antes já fazia o governo, haviam começado a criar riqueza do nada, às custas de quem trabalhava para obtê-la, produtores como agricultores, artesãos etc.. As notas eram então "recibos de pagamento" e não "promessas de pagamento". Isto significa que criar falsos recibos de pagamento (frente a nenhum ouro realmente depositado) era, num sistema de livre mercado, para todos os efeitos uma fraude, um roubo. Os banqueiros deveriam estar então atentos já que, em caso de insolvência, deveriam responder na primeira pessoa. Se um banco não estivesse em condições, sendo requisitado, de trocar em ouro uma de suas notas, estaria falido e o titular seria devidamente punido. Com o estado ao contrário, isto não pode ocorrer. O estado não poderia falir e no máximo a moeda poderia ser colocada fora de circulação em consequência da invasão de um país estrangeiro.

A situação, já bastante intolerável para o setor produtivo, começou a piorar com o nascimento dos bancos centrais.

6
O Que são os Bancos Centrais?

"Se você tem \$ 100.000 de dívida, é um homem pobre;
se você tem \$ 10 milhões em dívidas, é um comerciante;
se tem \$ 1 bilhão em dívidas, você é um gênio das finanças;
Se tem 1,5 trilhões em dívidas então você é um estado."
– Anônimo

Se os bancos privados podiam emitir no mercado mais notas do que tinham de ouro em caixa e o estado podia cunhar moedas com um valor nominal mais alto que o valor real ou até de valor inexistente, imaginem as possibilidades que teria um banco central que, na prática, se não na forma, são verdadeiros bancos do estado. Os bancos centrais, nascidos nos anos 1700 (o primeiro foi o banco da Inglaterra), embora formalmente sejam muitas vezes sociedades privadas, são estreitamente ligadas ao governo e tem seus próprios quadros nomeados por ele. Em todos os casos trazem consigo seu poder de monopólio na criação de dinheiro, monopólio esse que lhes é garantido pelo governo.

Nos últimos três séculos assistimos a um processo de centralização na produção de moeda jamais visto. Este processo se desenvolveu em várias etapas. Primeiramente a criação do monopólio dos bancos centrais obrigou os outros bancos a transformar as suas reservas em ouro em reservas de dinheiro do banco central, enquanto que por sua vez o banco central se tornou o monopolista na gestão do ouro. Hoje de fato, tirando uma quantidade mínima usada para fins numismáticos ou de joalheria, o mercado de ouro é fortemente regulamentado pelo governo.

O que ocorre (simplificando) é isto: os governos (através dos bancos centrais) dispõem de uma quantidade de ouro, digamos 10 unidades. Os bancos centrais emitem uma nota de 100, isto é, uma quantidade nominal 10 vezes superior à quantidade de ouro. Este dinheiro chega aos bancos privados que podem por sua vez emitir obrigações outras dez vezes. O mercado é então inundado por 1.000 unidades de dinheiro frente a uma riqueza real de 10. Na prática o livre mercado, feito de propriedades, produtos, trabalho, torna-se uma espécie de "Banco Imobiliário" onde os jogadores encontram em suas mãos simples pedaços de papel sem valor nenhum enquanto que ao governo é reservado o papel de banco. Aos bancos é permitido aquilo que não é permitido a nenhum de nós.

Vamos imaginar que sua casa vale R$ 100 mil. Você poderia hipotecar a sua casa e fazer uma viagem de volta ao mundo pelo mesmo valor. Mas não poderia hipotecar duas vezes a mesma casa. A não ser que você diga abertamente que está fazendo a segunda hipoteca e mesmo assim o emprestador concorde com isso, fazê-la seria uma fraude. Aos bancos e ao governo isto é permitido. Com R$100 mil em ouro, podem criar R$ 200, 300, 500 mil em notas e gastar como melhor lhes parecer.

Até a primeira guerra mundial havia um sistema de câmbio fixo entre ouro e moeda, não estabelecido por lei, mas *a priori* (como dizer que um quilo=1000 gramas). Mas com o acontecimento da guerra os governos se viram forçados a romper o vínculo com o ouro e imprimir muito mais dinheiro do que aquilo que haviam imprimido até então. Entre as duas guerras se tentou, em vão, criar sistemas artificiais de câmbio fixo, com a libra esterlina inglesa como moeda chave, mas a diferença entre o ouro e a moeda circulante era enorme. Em todos os países gradualmente foi proibida a posse de ouro, e todos os governos abandonaram pouco a pouco o padrão ouro clássico. O último a deixar o sistema clássico foi os Estados Unidos em 1934 que adotaram um câmbio fixo (US$1,00=1/35oz. de ouro). Isto levou o ouro aos caixas dos Estados Unidos por que este era o único que garantia um cambio seguro. No meio tempo ocorreu a segunda guerra mundial e o sistema entrou em colapso novamente. Em 1945, na conferência de Bretton Woods, o dólar se tornou moeda chave de um novo sistema de câmbio como havia acontecido após a primeira guerra com a libra inglesa, mas quando a Europa voltou a criar bastante riqueza começou gradualmente a comprar ouro a uma taxa fixa de US$1,00 por 1/35 onças de ouro. Em 1968 os Estados Unidos instituíram uma espécie de mercado duplo de ouro (um livre para o público e um do governo, com câmbio fixo e com o ouro considerado como um "vale" entre governos). O sistema, porém, durou pouco e em 1971, Richard Nixon anunciou que também os Estados Unidos estavam abandonando qualquer vínculo com o ouro. O mundo se confrontava então com um sistema monetário completamente imposto e fictício. Depois de um curto período de cambio fixo entre valores não vinculados ao ouro, em 1973 nasceu o sistema que ainda hoje está em vigor. Moedas nacionais totalmente desvinculadas do ouro. Isto nos levou em pouco mais de 30 anos à maior inflação da história e a uma alta expressiva no preço do ouro (lembramos, a única moeda real que ainda nos resta). O ouro jamais voltou para baixo de US$35,00 a onça e hoje, enquanto escrevo já ultrapassou o custo de US$1.200,00 a onça, com seu preço oscilando nos últimos anos e com um valor real de mais de 34 vezes aquele que os governos haviam concordado como valor para os seus "vales".

7
Como Retomar o Nosso Poder de Compra?

Infelizmente a lei de Greensham (já "descoberta" mais de dois mil anos antes por Aristófanes) que diz que "a moeda fraca extingue a moeda forte". Isto ocorre somente em um sistema onde não existe livre mercado (um sistema que não existe o fraco e o forte, mas apenas um valor estabelecido no momento da troca), um sistema onde o valor das moedas são impostos pelos estados. Se hoje te fizessem escolher entre R$100 em ouro (moeda forte) ou R$120 em notas de papel (moeda fraca) você escolheria as notas. Ou ainda se a escolha fosse entre R$120 em notas ou R$150 em "vale-refeição" provavelmente você escolheria este último, moeda ainda mais frágil.

A solução é um retorno a uma moeda real, ouro, prata ou outros. Isto não significa que devemos voltar a circular com moedas ou saquinhos com pó do precioso metal. Significa somente que um sistema baseado numa paridade real entre ouro e moeda pode garantir que os nossos bens não sejam desvalorizados, nem pelo governo, nem por entidades fraudadoras privadas. Um primeiro passo seria o de restituir ao ouro o seu valor real e paralelamente implementar um sistema de livre mercado verdadeiro.

Um livre mercado baseado no ouro eliminaria a prática da senhoriagem (dado que não haveria estado) e imporia aos bancos privados a responderem pelas suas notas/recibos e sua troca por ouro. Além de que a moderna tecnologia permitiria a qualquer indivíduo criar o seu próprio banco, dando a possibilidade a cidadãos honestos de emitirem "créditos eletrônicos" baseados na sua posse em ouro. Com o passar do tempo seriam aceitos apenas os créditos de cidadãos honestos enquanto os desonestos (aqueles que emitem mais créditos do que tem a capacidade de trocá-los em ouro, se necessário) não poderiam mais emitir créditos. Emitir mais créditos do que se é capaz de honrar seria de fato um roubo e como tal deveria ser punido.

Capítulo 7

A Segurança e a Guerra

1
O Estado Somos Nós?

"A democracia é uma religião, onde os burros cultuam os chacais."
– H.L. Mencken

Não, absolutamente não. O estado como já vimos é uma elite de poder que ao invés de se aproveitar ocasionalmente de uma população de produtores encontrou um meio de desfrutar dela de modo constante. Se este raciocínio podia ser facilmente compreendido nos tempos de imperadores e reis, hoje é mais difícil convencer as pessoas que também os regimes democráticos se impõem com a violência. Os governos contam com um apoio menor, talvez apenas superior a 50% dos eleitores, mas tiram proveito de todos, inclusive da parte derrotada e dos que não votaram.

Afinal, se numa democracia "o estado somos nós", não deveria ser um problema alegar que os judeus se suicidaram já que o governo de Hitler foi regularmente eleito. Da mesma maneira poderia tranquilamente haver um referendo pela abolição dos impostos para ver o que pensa a maioria dos brasileiros. A verdade é que o estado pode dificilmente coincidir com a maioria e seguramente não com a minoria. Se, por exemplo, a maioria decide matar a minoria isto seria um homicídio e não um suicídio.

A conquista do eleitorado ocorre através de numerosos artifícios. Com a ajuda dos "intelectuais de estado", os governos levam adiante conceitos como patriotismo, culto a "heróis" do passado, o culto à bandeira ou da figura do presidente, o culto da sociedade "generosa" em contraste com o indivíduo "egoísta", o medo de governos vizinhos, o medo de hipotéticos pequenos crimes privados é usado para sustentar o maior e mais tangível crime de todos que é o estado.

Embora hoje os principais meios de poder sejam o controle da moeda e da informação, o estado certamente não pode renunciar ao monopólio por excelência, o da violência. É de fato com a violência física que o estado pode afirmar a si próprio, e pode garantir a sua permanência na posse do poder. O estado nasce da violência, vive da violência e existe para a violência.

O estado necessita de fronteiras para se justificar frente ao exterior enquanto o mercado não quer fronteiras, o estado também precisa do poder judiciário para se impor no seu território e se impor como "criador de ordem".

2
Por Que Não Podemos Ter Armas?

"Uma falsa ideia de utilidade é aquela que sacrifica mil vantagens reais por um inconveniente, ou imaginário, ou de pouca consequência, que tira do homem o fogo por que incendeia e a água por que inunda, que não repara os males com o que destrói. As leis que proíbem de portar armas são leis desta natureza, elas não desarmam outros senão os não inclinados ou determinados a cometer delitos, enquanto que aqueles que estão dispostos a violar a mais sagrada das leis da humanidade e a mais importante do código, como respeitarão as menores e mais arbitrárias, e das quais mais suaves devam ser as punições, e que a execução exata tolhe a liberdade humana, caríssima aos homens, caríssima ao legislador esclarecido, e que expõem os inocentes a todas as vicissitudes dos réus? Estas leis pioram as condições dos assaltados, melhorando a dos assaltantes; não diminuem os homicídios mas os aumentam, por que é maior a segurança em atacar um desarmado que alguém possivelmente armado."
– Cesare Beccaria

Assim como o estado veta ao indivíduo produzir sua própria moeda, o estado (a maioria deles) proíbe aos seus cidadãos a posse de armas (no Brasil cada dia mais esse objetivo vem sendo alcançado). Muitos acreditam que o estado possa defender as nossas vidas e propriedades muito melhor do que poderíamos fazer nós mesmos.

Já vimos como numa livre relação de mercado, entre os sujeitos *A* e *B*, a intervenção de um terceiro (*E*) sempre cria algum problema. E esta lógica não muda se o tema tratado for a segurança. A proteção é um serviço como qualquer outro. Utilizando o ponto de vista dos que chamam de "sociais" os serviços mais requisitados pela população, podemos chamar a segurança de serviço social como outro qualquer. Se existe uma tendência na história da filosofia política de identificar estes serviços com o termo "contrato social" podemos dizer que, dificilmente aceitaríamos um contrato que garantisse ao nosso "fornecedor" poder fazer aquilo que bem entende, incluindo a violência contra nós mesmos, de decidir ele qual é o valor justo pela sua "proteção" e por quanto tempo devemos ficar ligados a ele.

O senso comum sobre as armas faz parecer que os cidadãos fariam uso incorreto das suas pistolas, dos seus fuzis. Primeiramente busquemos compreender o que é uma arma.

Uma arma é um bem como qualquer outro. Tem uma função (ferir ou matar) e de um ponto de vista de princípio não difere de um bem como um liquidificador, um livro ou uma pedra. Nós podemos matar qualquer um com uma pedra, mas não por isso é proibido ter uma pedra e do mesmo modo se matássemos qualquer um com uma pedra seríamos condenados por homicídio.

Fica evidente que o problema não é o objeto em si (pedra, faca, pistola), mas o uso que cada um faz dele. Se aceitarmos a propriedade e a vida como direitos naturais dos indivíduos, devemos aceitar também que o indivíduo tenha o direito de defendê-las. Uma defesa proporcional à agressão, obviamente, a fim de que esta mesma defesa não se torne uma agressão, mas seguramente temos este direito. Deste ponto de vista as armas são somente um meio mais eficiente e seguro para atingir o mesmo objetivo, defender a nossa vida e a nossa propriedade.

A tese do estado é que quanto menos armas estiverem em circulação menos os cidadãos terão a tentação de usá-las para atividades criminosas ou no excesso de legítima defesa. Se formos verificar a realidade, veremos que ela não se encaixa nesta tese. O próprio Michael Moore, forte defensor do banimento das armas, no seu filme *Tiros em Columbine* foi obrigado a admitir que a diferença entre o número de agressões com armas de fogo nos Estados Unidos e no Canadá não se deve ao número de armas em circulação (igual nos dois países).

O erro na tese acima fica ainda mais evidente se observarmos a tranquila e pacifica Suíça (onde cada cidadão homem detém uma arma) e o Brasil, onde o monopólio das armas e da segurança pertence ao estado.

A consequência deste argumento é mais uma vez a penalização da faixa mais frágil da sociedade. São os próprios que se dizem mais "liberais" que são favoráveis à liberação das drogas, à liberdade de costumes que se opõem mais ferrenhamente contra a liberdade de deter armas.

Muitas vezes os que vivem em áreas frequentadas por pessoas menos violentas, são os que estão na primeira fila para campanhas deste tipo. Em outros casos ricos podem sempre recorrer à proteção de uma "polícia privada" enquanto os políticos podem contar com escoltas ou algum outro tipo de proteção institucional. Enquanto os pobres, condenados a viver em vizinhanças cheias de criminosos, são os mais afetados pelas políticas de controle de armas. A estes não sobram recursos para garantirem uma segurança privada, carros blindados ou caríssimos sistemas antirroubo, e por outro lado vivem nas zonas mais sujeitas à criminalidade. Novamente uma elite privilegiada legislando sobre uma massa menos afortunada.

Mas, deixar os cidadãos armados pode se revelar, para um estado opressor, ainda mais imprudente. Seria muito mais difícil para um sistema de poder realizar atos de violência contra seus próprios cidadãos se estes mesmos estivessem armados. Alguns historiadores atribuem ao direito de ter armas, contido na segunda emenda, o fato de nos Estados Unidos jamais ter se instalado uma ditadura e o mesmo discurso serve para a Suíça onde cada cidadão é ao mesmo tempo um militar da reserva e um possuidor de arma.

Embora não seja nossa intenção defender o sistema militar suíço (onde existe o alistamento obrigatório) devemos reconhecer que com uma estrutura deste tipo, fortemente descentralizada e ao mesmo tempo responsável, o exército acaba por coincidir com o próprio povo e isto poder trazer vantagens à liberdade.

3
Como Realizar a Privatização da Segurança?

"Os governos impõem justiça, mas poderiam impô-la se não tivessem primeiro a violado para fundar seu reino?"
– Ugo Foscolo

Assim como já dissemos a propósito da saúde e da escola, acreditamos que o libertário deva primeiro defender o seu direito à defesa (ou de poder se defender por um fornecedor deste serviço livremente escolhido) e só depois se questionar como pode funcionar um sistema no qual a justiça e a segurança fossem deixadas a cargo do mercado. De qualquer maneira temos sorte, pois o tema já foi amplamente analisado por filósofos e economistas libertários. O próprio Rothbard se dedicou longamente sobre a questão e o seu trabalho segue sendo levado adiante por outros pensadores como Hans-Herman Hoppe.

Imaginemos então um sistema social libertário onde não exista nenhum serviço de segurança oferecido (imposto) pelo estado. Evidentemente, os que fazem parte deste sistema avaliariam, cada um por conta própria, as próprias necessidades de segurança. Algumas pessoas pensariam não necessitarem de ninguém os protegendo ou aos seus bens (por que, por exemplo, tem muito pouco ou nada), enquanto outros poderiam pensar que tem condições de se defenderem sozinhos (com armas ou a ajuda de grades, alarmes etc.).

Mas haveria aqueles que buscariam proteção para si e para os seus entes queridos no mercado. Estes poderiam procurar proteção junto às agências de segurança privada ou de seguros. Os mais ricos provavelmente teriam condições de pagar ambos, a guarda privada e as seguradoras, enquanto os mais pobres poderiam se associar entre eles (por exemplo, em condomínios ou um guarda da rua) para contratarem um serviço de polícia privada. Devemos chamar a atenção para o fato de este sistema criar um sistema muito mais seguro que o de hoje onde seria possível encontrar praticamente um policial privado em cada esquina.

Outras vezes seriam as próprias seguradoras que instalariam sistemas antifurto ou que colocariam os policiais nas ruas, por que isto, do ponto de vista dos custos, resultaria em menos dispêndios do que ressarcir a cada vez que seus clientes fossem roubados ou vitimas de agressão.

Isto traria como primeira consequência uma forte externalidade positiva. Imaginemos que numa rua com 100 casas, 50 famílias paguem R$ 200,00 para terem três policiais. As outras 50 famílias usufruiriam de um sistema de proteção gratuito, já que é difícil imaginar que bandidos praticariam um roubo sob os olhares de um policial mesmo sabendo que aquela residência não está sob sua proteção.

Mas as consequências positivas de um sistema como este não terminam aqui.

A maior parte das seguradoras (se não todas), para reduzir os conflitos entre os indivíduos e seus clientes, acabaria por impor, por contrato e não por lei/violência, o respeito de leis que o cliente pretende que valham para os outros. Se por exemplo, queremos nos proteger de agressões e roubos, uma das primeiras exigências da nossa seguradora poderia ser a de que nós também nos empenhássemos para não agredir e roubar os outros.

Isto obviamente para impedir que nós primeiro roubemos algo e depois denunciemos quem vem nos "roubar". Na prática um sistema assim se traduziria numa voluntária aceitação das regras do direito de propriedade.

Um sistema similar provavelmente resultaria em códigos jurídicos privados, isto é, códigos reconhecidos pelas seguradoras e aceitos pelos indivíduos (clientes) em contrato. Algumas vezes seguradoras concorrentes poderiam aceitar o mesmo código, outras vezes poderiam ser códigos distintos que levem em conta diferentes realidades sociais (diferentes zonas com diferentes crimes, atividades particulares como industriais ou agrícolas etc.).

Do mesmo modo às seguradoras seria conveniente, do ponto de vista estritamente econômico, reconhecer a sua concorrente de modo a minimizar os conflitos entre os clientes de seguradoras distintas.

Ainda assim existiriam pessoas que não desejariam ser cobertas por nenhum tipo de seguro ou agência e estas pessoas, enquanto respeitarem os direitos de propriedade dos outros, não terão nenhum problema.

4
Quem Faz Cumprir o Direito de Propriedade?

"Os homens fogem de onde não há liberdade."
– José Marti

Provavelmente durante a leitura deste livro o leitor pode ter pensado: "Ok, mas quem faz cumprir o direito de propriedade?". A resposta para esta questão pode ser respondida com a aplicação de um sistema social inteiramente baseado no direito de propriedade.

Primeiramente devemos identificar as duas categorias de indivíduos: aqueles que reconhecem o direito de propriedade e aqueles que não o reconhecem.

No caso de alguém que não reconheça o direito de propriedade como um direito natural este indivíduo se sentira perfeitamente legitimado a roubar ou matar enquanto estas ações não contrariarem seus códigos morais. É porém, claro que a maioria dos sistemas sociais, de um modo ou de outro, reconhecem este direito, mesmo porque ele é baseado no direito natural. Um indivíduo que ache natural agredir os outros seria, naturalmente, marginalizado pelo sistema social que o circunda. Seu comportamento não garantiria nenhuma interação com o próximo. Ele não respeitaria os contratos firmados, não pagaria os bens que compra etc.. Por este motivo primeiramente a ele seria conveniente aceitar o sistema de direito de propriedade para poder usufruir as vantagens que o sistema ao seu redor proporciona (troca de produtos, defesa pessoal etc.).

Mesmo num bando de ladrões existe o reconhecimento do direito de propriedade. Eles não se roubam entre si e repartem o produto de sua ação criminosa seguindo regras (contratos) bem definidas. Isto demonstra que estes reconhecem a validade do direito de propriedade, mas, simplesmente escolhem infringir o direito daqueles que estão de fora do seu próprio sistema social (o bando).

Resumindo, o próprio fato de que um indivíduo reconheça que ao apropriar-se do bem de outro está cometendo uma agressão, torna por si só o ato ilegítimo. De qualquer maneira, querendo colocar no mesmo exemplo os dois pontos de vista (o direito de propriedade é um direito natural e o direito de propriedade não é um direito natural) se um indivíduo do primeiro grupo é agredido por um indivíduo que não crê no direito de propriedade, o ato de defesa do primeiro (por exemplo, defesa armada) é um ato legítimo e eticamente correto para ambas as partes. Também aquele que ao agredir declarou que não acreditava no princípio do direito de propriedade privada não poderia reivindicar nada caso ele próprio fosse agredido ou roubado.

Resta o caso daqueles indivíduos de um sistema ético altamente subjetivo que acreditam possuírem direitos diferentes dos outros. Eles creem que tem o direito de manter a propriedade deles e de se apropriarem das dos demais. Parece evidente que com indivíduos do gênero não seria possível um confronto julgado legítimo por ambas as partes. Felizmente a história tem demonstrado que comportamentos similares a este, quando não são sustentados pelo enorme poder econômico que só um estado pode ter (como imperadores, reis, ditadores que se achavam acima dos direitos), sempre foram considerados casos de esquizofrenia e tratados como tal.

Muito mais interessante, porém, tanto do ponto de vista teórico quanto do ponto de vista pratico, são as considerações que podemos fazer sobre um sistema social onde todos reconheçam a validade do direito de propriedade.

5
O que é a Justiça Privada?

"Quando o povo é fraco o estado é forte;
Quando o estado é forte o povo é fraco.
Portanto o estado que segue o seu curso natural, debilita o povo."
– Shang Yang

Num sistema libertário, entre indivíduos que reconheçam a validade e que é correto o direito de propriedade, "fazer justiça" seria equivalente a "fazer respeitar o direito de propriedade". A tarefa de um juiz então seria como a que segue.

Ele primeiramente deveria se certificar de ter ele próprio o direito de julgar as duas partes. A seguir deveria analisar e reconhecer a validade dos direitos iniciais à propriedade. Uma vez feito isso deveria verificar se existe um contrato que gerencie a relação entre as duas partes e se este foi violado ou respeitado. Na ausência destes, tudo deve ser analisado de acordo com o critério do direito de propriedade e como tal julgado, mesmo eventuais penas deveriam levar isso em conta.

6
O Que É a Arbitragem?

"Ah! Doce nome da Liberdade!"
– Cicero

A arbitragem é um sistema de resolução de conflitos que está cada vez mais se afirmando na sociedade ocidental. O princípio da arbitragem é aquele de especificar no próprio contrato, no momento de sua elaboração, o nome do juiz que será chamado para mediar eventuais discussões ou, no caso da ausência de um contrato pré-existente, de encontrar um juiz aceito por ambas as partes que possa fazer um juízo imparcial.

Obviamente o primeiro caso é mais simples. Já hoje no Brasil existem muitos contratos que contém cláusulas de arbitragem, cláusulas não obrigatórias, mas que, se aceitas pelas partes envolvidas, permitem resolver as disputas com uma notável economia de tempo e de dinheiro. Arbitragens são previstas para os membros da câmara de comércio, na gestão de domínios de internet, nos casos dos cartões de crédito e muitos outros. Este último é um exemplo interessante para se aprofundar.

Cartões de crédito são um instrumento cada vez mais utilizado pelos clientes nas suas compras em lojas. O uso do cartão de crédito convém aos clientes por várias razões (não necessitam andar com dinheiro em espécie, podem contar com uma soma de dinheiro mesmo que não disponham desta em suas contas, muitas vezes os bens adquiridos vêm cobertos por seguros, e é aceito em diversos países, pois não é ligado diretamente à sua moeda de origem etc.) e convém também ao negociante (podem contar com os clientes mais disposto a gastar, clientes estrangeiros e em geral com um número maior de clientes potenciais). Muitas não têm, mas a maioria das empresas de crédito conta com um sistema de arbitragem que visa resolver os conflitos entre clientes e fornecedores. Se um cliente acha que foi fraudado pelo negociante porque o produto que comprou não contem as características solicitadas ou por que a assistência ou a garantia não são aquelas prometidas, o cliente, antes de recorrer à justiça comum, tem a possibilidade de recorrer à arbitragem colocada à disposição pela empresa de crédito. Esta de fato tem todo o interesse de fazer com que os negociantes que expõem a sua marca (e que aceitam seus cartões) se comportem bem com os próprios clientes. A justiça ofertada pelas empresas de crédito é uma justiça privada, muito mais veloz do que a justiça comum (que na maioria dos casos leva anos) e muito mais econômica (não necessitam de advogados, mas uma simples carta para contar o acontecido). O ente julgador já vem reconhecido como titular da faculdade de decidir por negociantes (no momento que se inscrevem para aceitar os cartões) e pelos clientes no momento em que solicitam seus cartões.

Mas, os contratos que prevêm a arbitragem podem ser encontrados em todas as partes. As cidades privadas, as seguradoras, os contratos de fornecimento e prestação de serviços.

Existem casos, porém onde não é possível trazer ao conflito um contrato previamente assinado (e que conduza ao nome de um juiz). Muitas vezes questões ligadas ao direito de propriedade não eram previstas com antecedência e logo não são ligadas a nenhum contrato. Uma briga com o vizinho de casa, uma colisão de carros, uma discussão sobre uma compra são todos exemplos de conflitos entre indivíduos que requerem a definição de um árbitro *a posteriori*, isto é, depois que o conflito foi iniciado. De casos similares a historia está repleta, e na história, na maior parte dos casos, as partes em conflito entravam autonomamente num acordo sobre quem deveria decidir. Às vezes era o chefe da família, ou o líder do vilarejo, o presidente da ordem caso ambos pertencessem à mesma ordem, o sacerdote da localidade etc.. Todos nós já estivemos em situação similar na qual tivemos que passar a um terceiro aceito pelas partes o direito de decidir sobre a questão. Às vezes essa decisão é deixada ao acaso como um cara ou coroa ou o resultado de um desafio.

Num sistema de livre mercado é provável que a maior parte das questões venham reguladas em contrato, talvez por um contrato não direto. Por exemplo, um comerciante que queira vender seus produtos numa determinada cidade (privada) se submete a aceitar certo sistema de regras e um juiz determinado no caso de violação. Um encanador certificado por uma entidade (privada) deve respeitar certas condições, e assim por diante. Assim, mesmo os casos de conflitos não diretamente ligados a um contrato (como as brigas com os vizinhos) poderiam estar ligados indiretamente a outros contratos.

Para os poucos casos que continuariam a ficar fora deste sistema seria criado um verdadeiro "mercado de juízes". Ou seja, a justiça poderia ser um serviço oferecido no mercado como o são inúmeros outros. Os juízes que seriam mais requisitados seriam aqueles considerados mais imparciais, incorruptíveis, justos, aqueles que ambas as partes aceitariam submeter-se.

Imaginemos um ferreiro que discutiu com um cliente por um portão que este último julga não ter sido feito conforme o projeto. Seguramente existirá um juiz considerado mais próximo à exigência do cliente e outro mais conveniente ao ferreiro. Estes juízes teriam que conviver com o fato de que apenas uma das partes está disposta a aceitar os seus juízos. Depois de alguma procura é natural que as partes acabariam por concordar por um juiz que ambos acham melhor, ou seja, mais imparcial. Com o passar do tempo os juízes mais imparciais seriam varridos do mercado ou se especializariam apenas para um segmento do mercado (por exemplo, apenas para resolver conflitos entre ferreiros). A tudo isso vai somado que este processo de julgamento e juízes tem um custo e que este fato por si só poderia já ser um incentivo para se reduzirem os conflitos: as pessoas então "pensariam duas vezes" antes de desistirem de resolver o problema entre elas.

A arbitragem já é hoje mais utilizada do que se imagina: um pai que julga imparcialmente as brigas entre os filhos, um supervisor um conflito entre os seus empregados, um técnico sobre seus jogadores, um presidente de associação sobre os seus inscritos, um pastor sobre os fiéis de sua igreja, e assim segue. A renúncia da arbitragem imposta primeiramente pelo rei e hoje pelo estado fez muitas vezes perdermos o espírito de colaboração e, no interesse das partes, esta instituição foi levada adiante por milênios na história do homem.

7
Como Definir Penas Para a Violação do Direito de Propriedade?

"A política é a arte de obter votos dos pobres e fundos dos ricos prometendo proteger uns dos outros"
– Oscar Ameringer

Uma vez estabelecido um juiz e recebido um veredito, resta a questão das penas para crimes cometidos. Embora, como já mencionado, seja possível que muitos contratos, sejam eles diretos (entre indivíduos) ou indiretos (como os compromissos assumidos por moradores de cidades privadas), prevejam também penas de violação que poderiam implicar até em prisão perpétua para alguns crimes, é importante também analisarmos quais poderiam ser as penas consideradas "justas" na ausência de previsão em contrato ou onde não seja possível aplicá-lo.

Em primeiro lugar devemos esclarecer contrariando aquele que parece ser um lugar comum nos dias de hoje, que a pena não deve (re) educar, nem punir, nem ser um impedimento, mas deve compensar. A diferença não é pequena como pode parecer. Na ausência de um estado que imponha modelos éticos de comportamento, o objetivo das penas deve ser o de ressarcir as vítimas (pela sua propriedade e por danos físicos à própria pessoa). Não um genérico "ressarcimento à sociedade", mas um ressarcimento às vítimas do crime. Hoje, o inacreditável acontece. Não apenas as vítimas não são ressarcidas, mas são obrigadas, através dos impostos, a manter um sistema carcerário que auxilia aqueles que os roubaram.

Ressarcir significa compensar adequadamente, na sua totalidade, os danos à vítima e cobrir todas as despesas que este dano tenha incorrido como as despesas de inquérito, de prisão e de processo. Sem nos deixar levar pela fantasia, podemos tentar hipotetizar o que poderia ocorrer num sistema social baseado no livre mercado no caso de um roubo.

Antonio é assegurado contra roubo pela agência Alpha. Bruno é associado a agência Beta. Ambas as agências adotam o código legislativo privado escrito por Carlo e os seus associados se comprometeram a respeitar. Bruno sofre um roubo em sua casa e se volta para sua agência de seguro/proteção Beta. Beta deve imediatamente reparar o dano conforme determinado no momento do contrato (se não o fizesse esta mesmo estaria violando um contrato), então avalia se o nível do dano sofrido merece uma investigação aprofundada. Porque considera útil encontrar o culpado (porque o prejuízo é grande ou porque na mesma zona vários segurados vem sendo vítimas de roubo, ou ainda por que deseja desincentivar o roubo nessa zona) a agência Beta decide investir seus próprios recursos na busca pelo criminoso. Utilizará ferramentas de investigação, pessoal, e outros recursos até que consiga encontrar o culpado, na pessoa de Antonio.

Os responsáveis pela agência Beta se voltarão então para a agência Alfa mostrando as provas que encontraram que incriminam o seu assegurado, Antonio. A agência Alfa tem todo o interesse de manter uma relação amigável com a agência Beta. Esses se ajudam mutuamente nas investigações, e em alguns casos atuam em conjunto. Em outros casos, em áreas onde uma agência tem muitos segurados e a outra poucos, a primeira provê a vigilância das propriedades dos associados da segunda, para otimizar as despesas. Avaliadas as provas e reconhecida a provável culpa do seu associado, a agência Alfa entra em contato com Antonio e o coloca a par dos fatos.

Antonio pode continuar a negar e pedir um justo processo (como previsto em contrato). Como alternativa ele pode assumir sua culpa e reparar os danos. No primeiro caso ele, se declarado culpado, deverá também bancar as custas do processo (de ambas as partes). Antonio decide então admitir a sua culpa e reparar o dano.

Ele então restitui o bem subtraído de Bruno (que por sua vez devolve o dinheiro que havia recebido para a seguradora). Antonio também deve pagar as despesas da agência Beta realizadas na investigação. Além de que Antonio deve sofrer o mesmo que a vítima, devendo ainda ressarcir um valor adicional equivalente ao que ele roubou, como indenização "pelo incomodo causado". Por fim a sua agência, a agência Alfa se sentirá no direito de rescindir o contrato com ele ou de subir o valor de seu seguro devido a ele ter causado problemas. No futuro, como hoje ocorre com a política "Bônus/Malus" para os seguros de automóveis, Antonio terá dificuldades de encontrar uma agência que o assegure e talvez tenha dificuldades para adquirir uma propriedade em cidades privadas (aquelas que não desejem um habitante com o certificado de crimes "bônus/malus" negativo).

O que tentamos explicar, quase como uma estória e sem nenhuma pretensão de que o sistema tenha obrigatoriamente que funcionar deste modo, é apenas uma hipótese de cenário que serve para visualizar como o mercado deixado livre pode desincentivar o crime e, no caso, puni-lo.

8
Numa Sociedade Libertária Pode Haver a Pena De Morte?

"Ninguém é mais desesperançosamente escravizado que aquele que pensa ser livre sem sê-lo."
– Goethe

Murray Rothbard identifica um critério bastante objetivo na definição das penas. O agressor perde os seus direitos em medida equivalente a quanto ele tenha violado o da vítima. No caso de roubos, como vimos acima, significa não apenas restituir o bem (além de pagar as despesas do processo e investigação), mas perder um valor idêntico.

No caso de um homicídio isto significa então o direito dos herdeiros da vítima (ou até da própria vítima, caso tenha deixado em testamento) de matarem o agressor (ou a mandar uma pessoa que se preste a, até por dinheiro, matá-lo). É importante salientar que em sistemas similares não é garantido a outros (o estado, a sociedade,...) o direito de matar os agressores e a maioria dos libertários condenam a pena de morte estatal. Nenhuma autoridade pública tem o direito de decidir sobre a vida dos indivíduos. Os libertários por sua vez defendem os direitos dos herdeiros das vítimas de matarem (mas também de perdoarem) o homicida. Estes podem, na falta de uma ordem expressa no testamento, também negociar a pena com o agressor, por exemplo, poupando a sua vida por uma certa quantia em dinheiro.

E isto foi praticado por séculos antes que as autoridades estatais tomassem para si o poder de vida e morte sobre os indivíduos.

9
O Que É um Crime para um Libertário?

"Um governo de honestos é como um bordel de virgens."
– Roberto Gevarso

É considerado um crime tudo aquilo que viole o direito de propriedade, como foi previamente explicado: é então um crime qualquer iniciação de agressão contra a pessoa ou sua propriedade. É evidente que este novo critério modifica o significado usualmente utilizado para crime. Com ele surgem novos crimes como a cobrança de impostos (equiparado a um roubo) ou a imposição de leis por parte de autoridades não reconhecidas pelo indivíduo.

Por outro lado, comportamentos que nossa moderna sociedade ocidental considera crimes são considerados pelos libertários como não ilegítimos e pertencentes à esfera de comportamentos normais dentro de um livre mercado entre indivíduos.

Antes de passar a elencar aqui quais são estes comportamentos, é importante esclarecer que aqui não pretendemos julgar a moralidade de cada um dos comportamentos. Não cabe a nós julgar se estes são "corretos" ou "equivocados", se são morais ou execráveis. Aqui desejamos estabelecer apenas se estes são legítimos ou ilegítimos. Em outras palavras nosso objetivo é mostrar como uma série de comportamentos que hoje são considerados crimes não o são e, logo, não devem ser punidos. Não significa de modo algum que um libertário deva promovê-los ou incentivá-los (isto é, deixado à moral de cada indivíduo). Significa apenas dizer que ninguém pode ser punido por ações que não envolvam violações ao direito de propriedade.

Medicina Alternativa

Administrar tratamentos experimentais e alternativos, quando consentidos pelos pacientes, não é um crime e muitas vezes, como pode ser comprovado, cria mais vítimas (mais de mil vezes mais) a espera (de anos) pela aprovação estatal de um novo medicamento ou uma nova terapia do que os danos que estas provocariam.

Drogas

A utilização de substâncias psicotrópicas é uma escolha individual e se o mercado de drogas fosse livre o preço das drogas cairia enormemente. Os viciados em tóxico poderiam comprar toda a droga que necessitam sem a necessidade de cometerem crimes para obter as somas necessárias, e poderiam viver uma vida praticamente normal.

Prostituição

A prostituição se configura como uma relação normal de mercado entre adultos conscientes. Vetá-la usando como argumento a "imoralidade" significa cometer um ato de violência contra dois indivíduos livres. Os problemas envolvidos com o exercício público desta atividade (como por exemplo, a desvalorização de zonas residências) poderiam ser resolvidos com a aplicação do direito de propriedade, como já descrito para fábricas, ruas e outros.

Exploração da Prostituição

A exploração da prostituição não é um crime. O "explorador" fornece os serviços de intermediação do mesmo modo que faz qualquer comerciante (que faz a intermediação entre produtor e cliente). Mas, quando a intermediação é imposta com a violência, isto se torna um crime e como tal deve ser condenado. Já hoje não precisaríamos de leis especificas para coibir esta violência, pois os crimes possíveis já são previstos como o de estupro, de agressão física e cárcere privado (sequestro).

Usura

Emprestar dinheiro não deve ser considerado ilegítimo. É uma atividade comercial como qualquer outra. Se alguém (o estado) fixar uma taxa para um contrato diferente daquela acordada entre os indivíduos isto é um crime, não é justo. Um limite arbitrário imposto a uma relação de livre mercado acaba por colocar fora da lei os que conseguem fazer melhor. Estes não podendo recorrer à justiça para fazer valer seus contratos, só lhes resta utilizar métodos violentos.

Não Fazer Caridade, Não Prestar Socorro, Não Ajudar os Outros.

Se recusar a ajudar uma pessoa em dificuldade, mesmo quando temos meios para tal, não é um crime. Pode ser (não sempre e não por todos) considerado imoral, mas não é ilegítimo. Ao invés disso é ilegítima a "caridade" forçada que todos nós somos obrigados a realizar através do estado, que com os impostos subtrai a nossa propriedade em nome de uma redistribuição de parte dela que é chamada de solidariedade.

Venda de Produtos Ou Serviços de Má Qualidade, Defeituosos, Inseguros e Sem Garantia.

Quando o cliente é devidamente informado não existe nenhum serviço "de má qualidade", porque se o cliente aceita o contrato ou a troca ele aceita todas as condições que isto implica. Alugar casas em péssimas condições, vender carros quase quebrados etc., são comportamentos perfeitamente legítimos desde que não se falsifique as informações passadas aos clientes (o que resultaria em fraude).

Venda de Bens Abaixo do Custo.

Vender abaixo do custo (o que às vezes é chamado de "dumping") é uma escolha legítima do vendedor por motivações que ele não tem o dever de explicar (por exemplo, para ganhar uma fatia de mercado). Do mesmo modo ele deve poder fazer promoções e liquidações em qualquer época do ano sem a necessidade de pedir permissões a nenhuma autoridade.

Empregados Trabalhando em Condições "Péssimas".

Quando estas condições são aceitas livremente pelos empregados no momento do contrato isto não é de maneira nenhuma ilegítimo. Os conceitos de ótimo ou péssimo são relativos e cabe apenas as duas partes recusar ou aceitar as condições. Em alguns casos, por exemplo, o empregado poderia aceitar condições para ele negativas em troca de uma melhor remuneração. E isto ocorre hoje em dia, mesmo no Brasil. Por exemplo, no ramo cinematográfico o trabalho é muito precário (se trabalha por dias a fio, às vezes sem hora nem para dormir), mas é bem remunerado.

Trabalhar sem Licença.

Como já salientado, num sistema que não inclua uma autoridade externa de coerção não são necessárias licenças ou autorizações estatais. Cada um faz aquilo que desejar e cabe ao mercado decidir quem merece continuar a exercer certa profissão. Podem existir entidades privada de certificação e associações de consumidores que identifiquem e aconselhem aqueles que oferecem os melhores serviços, mas não podem proibir aqueles que desejarem de consumirem dos outros.

Discriminação

A discriminação (por cor da pele, raça, condição social, sexo, ou outros) não é por si só um crime. Todos devem ser livres para estabelecer relações com aqueles que considerarem melhor. Provavelmente indivíduos que discriminem sejam punidos pelo mercado. Estes podem perder bons clientes ou limitar sua clientela e isto pode resultar num prejuízo para suas atividades.

Crimes de Expressão (Injúria, Difamação etc.)

A liberdade de expressão não deve jamais ser limitada, porque falar, escrever, se expressar, não são atos de violência contra a pessoa ou suas propriedades, mesmo nos casos que isso possa ocasionar um dano (indireto). Mais adiante dedicaremos uma seção inteira à liberdade de expressão onde veremos também como a difamação, a chantagem, o falso alarme, e o racismo não são comportamentos ilegítimos.

Resumimos aqui alguns dos principais comportamentos que hoje são comumente considerados crimes, mas que um libertário não os considera como tal. Existem diversos outros. Alguns se encaixam nas categorias gerais que já citamos, outros são um tanto particulares para tratarmos aqui. Recomendamos o *livro "Defendendo o Indefensável"* de Walter Block que analisa em detalhes os comportamentos que já explicamos e outros comportamentos da categoria de não crimes.

10
Como se Defender de Agressores Externos?

"Os suíços não tem um exército. Os suíços SÃO um exército."
– Benedict La Rosa

Primeiramente fica evidente que as relações comerciais entre entidades privadas são geralmente mais pacíficas que as relações políticas entre estados. Os governantes parecem menos capazes que os seus cidadãos de manterem relações pacíficas e um próspero comércio. A principal razão para isto acontecer é o fato dos governos justificarem sua própria existência com base nas fronteiras nacionais e na proteção das mesmas. Sem o medo de uma invasão de um país vizinho não haveria sentido no próprio conceito de nação. Mais uma vez recorremos a *1984* de George Orwell lembrando como os três macroestados Eurásia, Oceania e Lestásia estavam sempre em constantes guerras entre eles, às vezes se aliando com um, outras vezes com outro, mas justificando sempre através da guerra a sua própria existência.

É obvio que são os estados, os governos, que fazem as guerras e não os indivíduos privados. Isto ocorre não só pelo que dissemos acima, mas também por razões econômicas. As grandes guerras, as grandes armas, os grandes exércitos podem ser criados apenas por grandes estados. Dificilmente as pessoas comuns teriam os recursos para os enormes esforços econômicos necessários à indústria bélica e seguramente não teriam razões para realizarem estes investimentos. Não é por acaso que o século XX, período que coincide com o nascimento dos estados modernos, seja também o século das grandes guerras. Os governos através do alistamento obrigatório tem sido capazes de reunir um enorme número de homens e transformá-los num exército graças ao dinheiro dos impostos. E, tudo isso teria sido impossível a uma entidade privada.

Imaginemos por hora que num determinado território se instaure um sistema social libertário, mas que no território ao lado permaneça o sistema de estado, nação. Como poderiam os habitantes do território libertário se defender das possíveis agressões provenientes do estado vizinho?

Primeiramente o estado vizinho teria o problema de como justificar, seja perante seus cidadãos ou perante a comunidade internacional, uma eventual guerra de agressão. Não haveria nenhum criminoso de guerra, nenhum povo a libertar, nenhum estado agressor naquele território. Quem quisesse atacar um território libertário encontraria um forte constrangimento e o seu gesto seria interpretado sempre como uma iniciação de agressão.

Em segundo lugar este estado encontraria pela frente as mesmas agências de proteção e seguro das quais falamos anteriormente. Elas deveriam, para cumprir seus contratos com seus clientes, prover a sua defesa. Provavelmente, quando se tratar de uma defesa contra um agressor externo as agências concorrentes se aliariam, porque o interesse destes em defender seus clientes prevaleceria. Do mesmo modo o mercado regularia as condições para os habitantes das regiões de fronteira, mais expostos ao risco de invasão por parte de um potencial inimigo, e, portanto mais caras de serem defendidas.

Recordamos por último que os habitantes dos territórios libertários seriam provavelmente bem armados. Já citamos aqui o exemplo da Suíça onde exército e povo na prática são a mesma coisa, onde (quase) todo cidadão possui armas para defenderem a si próprios e os seus entes queridos.

11
Como Julgar a Imigração?

"Democracia é a teoria de que o povo sabe o que quer, e que deve recebê-lo integralmente."
– H. L. Mencken

Os libertários, como vimos, não acreditam em fronteiras entre nações. Estes acreditam que o mundo deveria ser inteiramente "privado". Isto significa que cada pedaço de terra deveria ser de alguém ou em alternativa, de ninguém. Não deve existir propriedade "coletiva". A questão da imigração recairia então para um problema de violação ou não de propriedade privada.

Quando ocorre uma troca que exige o deslocamento da mercadoria, coloquemos neste exemplo de uma parte à outra do globo, num sistema de livre mercado isso implica na concessão de alguns direitos de propriedade para a passagem da própria mercadoria. Do momento que deixa o local onde estava armazenado (empresa) o bem é recolhido como concessão por uma transportadora que atravessará uma estrada (privada) pagando um determinado preço por isto, assim recompensando a temporária renuncia do direito de propriedade sobre a estrada por parte do seu proprietário. O mesmo vale para cada etapa do transporte. O porto ou aeroporto, o navio, o pedaço de mar atravessado ou o corredor aéreo etc.. Cada uma destas zonas privadas é concedida à transportadora mediante um pagamento até a entrega da mercadoria ao cliente que a solicitou.

Para as pessoas deve ocorrer exatamente a mesma coisa. Qualquer um deve ir a qualquer lugar, desde que tenha autorização para ocupar o espaço em que se encontra (seja o solo ou a poltrona de um avião, dá na mesma) de quem tenha o direito legítimo da propriedade. Portanto o "crime" de imigração clandestina se enquadraria no crime de violação à propriedade. Da mesma forma qualquer um deveria poder ir a qualquer lugar, desde que o ônus da presença do sujeito em questão ali não recaia sobre os outros, mas que seja totalmente responsabilidade de quem o hospeda ou do próprio indivíduo.

O mercado por si próprio não tem incentivos para impedir a imigração, porque estes representam nova mão de obra e ao mesmo tempo novos clientes. Este processo de crescimento do mercado deve vir, porém, sem externalidade para terceiros. Uma fazenda tem muito a ganhar ao aceitar imigrantes que estejam dispostos a trabalhar por um salário menor, mas as despesas sociais para o sistema que emergem por causa de "uma pessoa a mais" não podem recair sobre a coletividade, mas devem ficar a cargo da fazenda ou do próprio imigrante. Não se pode pedir a uma comunidade pré-existente de aumentar suas despesas por conta de uma vantagem para apenas um dos seus membros (no caso, a fazenda). Não se esquecendo de que no sistema de hoje os imigrantes também pagam impostos.

Do mesmo modo não há nada de mal em recusar a entrada de alguém na sua propriedade com base em regulamento ou ainda com base na simples antipatia ou discriminação. Uma cidade privada poderia ter em seu regulamento um número máximo de cidadãos, outra um veto às pessoas brancas, outras ainda vetos às famílias com crianças ou animais de estimação. Desde que as relações sejam de livre mercado o problema da imigração não é um problema, mas simplesmente uma questão de trocas.

Capítulo 8

Liberdade de Expressão

1

O Que é o Direito à Liberdade de Expressão?

"Posso não concordar com o que você diz, mas defenderei até a morte o direito de você dizê-lo."
- Voltaire

Por liberdade de expressão se entende o mais amplo direito de falar, manifestar, escrever, e se exprimir como acharmos mais oportuno, com a convicção de que pronunciar um pensamento, uma opinião, não seja jamais um crime. Este direito não é um direito de propriedade por si só, mas deriva também do direito de propriedade. Nós temos o direito de fazer o que quisermos com nossos corpos (incluindo as cordas vocais) onde quisermos (sendo nossa propriedade). Falar livremente então não significa poder dizer o que quiser onde quer que seja, mas somente de dizer o que quisermos onde temos direito (na nossa casa, num local alugado para a ocasião, na casa de um amigo complacente etc.). Do mesmo modo liberdade de imprensa não significa poder escrever nos muros de propriedade de outros, mas nos muros de nossas casas, em panfletos ou em espaços publicitários regularmente pagos. Infelizmente, na realidade, este belo princípio presente na maioria das constituições ocidentais, na própria constituição brasileira e na declaração universal dos direitos humanos, é constantemente violado pelos mesmos governos que o subscreveram, emendando-o com uma série de leis destinadas a limitar fortemente a liberdade de expressão.

Hoje a liberdade de expressão é limitada por vários motivos: o segredo de estado, a exigência de diplomas de jornalismo, a chantagem, a difamação, o racismo e outras discriminações, a apologia ao crime, o alarme falso, a injúria etc.. A tudo isto devemos acrescentar uma limitação da liberdade de expressão de fato pelos meios de comunicação e sua imposição da linguagem politicamente correta (da qual já falamos anteriormente).

Sobre algumas destas limitações como no caso de opiniões discriminatórias já falamos anteriormente. A seguir analisamos os crimes de expressão.

2
Por Que Consentir com o "Alarme Falso"?

Uma das primeiras objeções à liberdade de expressão absoluta vem daqueles que se preocupam com situações nas quais um "excesso de liberdade de expressão" possa favorecer o alarme falso. Imaginemos um teatro lotado, um estádio de futebol, um auditório. Permitir a liberdade de expressão absoluta poderia ser, segundo eles, muito perigoso. Bastaria que alguém gritasse "Fogo!" para que centenas de pessoas se aglomerassem nas saídas de emergência com grandes riscos de vários feridos e até mortos devido à aglomeração e ao pânico.

Tudo isto é verdade e não se discute que não possa ocorrer. Só que queremos ressaltar que mais uma vez a solução destes problemas pode ser deixada ao mercado. Os próprios estabelecimentos poderiam explicitar a proibição ao alarme falso (por exemplo, constando nos ingressos). Deste modo a regra em questão se tornaria para todos os efeitos um contrato que quem compra os ingressos se dispõe a respeitar. Isto significa que quem tentar causar pânico na multidão sem um motivo justo incorreria em sanções por ter violado um contrato.

3
Por Que Consentir com a "Injúria"?

"Não confieis em príncipes."
– Salmo 146

A injúria não é uma agressão. Algumas pessoas podem se sentir prejudicadas pela injúria sofrida, mas isto não muda o fato de que a injúria, os insultos, a ofensa racial ou religiosa, a blasfêmia, não possam ser consideradas agressão. Existem inúmeras razões pelas quais uma pessoa pode se sentir prejudicada ou ofendida, mas isto não significa que estes atos sejam crimes. Um indivíduo pode se sentir ofendido se o seu vizinho pinta a casa dele de verde, um outro pode se ofender se o seu vizinho come carne, e outro ainda se o seu vizinho toma sol nu. Todos estes são comportamentos não agressivos e, logo, legítimos (a não ser que violem contratos como nos casos de algumas cidades privadas).

4
POR QUE CONSENTIR COM A DIFAMAÇÃO?

"É obvio que o modelo real (a democracia representativa) não pode corresponder ao ideal (...) mas, se partirmos da ideia de libertar o homem e ao invés disso o fizermos escravo, não significa dizer que na estrada do ideal fomos pelo caminho do meio (...) significa que fizemos uma coisa oposta."

– *Massimo Fini*

A difamação é uma forma particular de injúria. Esta não se dirige tanto ao interessado, mas à opinião pública. Dizer algo sobre um indivíduo, admitindo que prejudique a "opinião pública" sobre o mesmo, não pode ser considerado um crime sobre a propriedade. Na verdade "aquilo que os outros pensam de mim" é algo que, de fato, pertence aos outros e não a mim. Não me foi surrupiada a minha propriedade porque a minha reputação é algo que não me pertence. É evidente que num sistema de livre mercado que não visse a difamação como um crime, no qual todos pudessem dizer tudo sobre todos livremente, a maior parte das vozes e dos rumores não seriam levados em consideração, e apenas "fontes confiáveis" poderiam ter a possibilidade de causar consequências para os difamados.

5
POR QUE CONSENTIR COM A CHANTAGEM?

"Não quero acabar com o estado, quero apenas torná-lo pequeno o suficiente para poder mandá-lo descarga abaixo."

– *Gover Norquist*

Chantagear alguém geralmente é propor uma troca econômica. Dinheiro em troca de silêncio. Se aquilo que já dissemos sobre difamação é verdadeiro então deve necessariamente seguir que a chantagem é uma atividade econômica perfeitamente legítima enquanto for uma troca livre no mercado. Quando as informações não forem obtidas com a violência (por exemplo, com a violação do direito de propriedade) e quando elas não violem contratos anteriormente estipulados (como no caso de segredos industriais) a posse das mesmas é inteiramente legítima e por consequência o uso que se segue não pode ser outra coisa senão legítimo.

6
Por Que Consentir com a Liberdade de Informação?

"Qualquer tipo de socialismo conduz à total destruição do espírito humano."
– Alexander Solzhenitsyn

Um dos limites colocados hoje à liberdade de expressão é aquele sobre a informação. Para garantir aos cidadãos uma informação correta foi limitado o direito de informar apenas aos jornalistas diplomados. Mais uma vez, fica evidente que este seja um direito que serve apenas para garantir os jornalistas e não a informação. Num sistema de livre mercado seria o mercado que iria escolher as fontes de informação de sua preferência: se todos pudessem informar seria o tempo e a seleção dos consumidores (leitores, espectadores etc.) que premiariam as fontes mais confiáveis. E isto é o que fazemos todos os dias quando escolhemos ler um jornal ao invés de outros ou assistir a um telejornal.

Qualquer um deveria ser livre para se informar como achar melhor. Quem "vende" o produto "informação" melhor será premiado pelo mercado. Em alguns casos uma correta aplicação do direito de propriedade levaria a quem vende uma informação incorreta a poder ser denunciado por violação de contrato, da mesma forma que quem vende um carro que não anda ou uma televisão que não liga (e não disse antes).

7
Por Que Consentir com a Liberdade de Credo Religioso?

"Se queres ser um grande líder deve aprender a seguir o Tao. Desista de procurar o controle. Abandone a planificação e os pré-conceitos, e o mundo se governa sozinho."
– Lao Zi

A liberdade religiosa é hoje uma bandeira da maior parte dos governos ocidentais. Na verdade muitas vezes somos vítimas de imposições por parte dos governos sobre nossos cultos religiosos. As escolas e tribunais públicos ostentam crucifixos católicos, as igrejas tem uma relação especial com o estado que muitas vezes se traduz em isenção de impostos, investimentos, e outras vantagens. Não queremos aqui negar o papel importante não só da igreja católica como de todas as demais no desenvolvimento da civilidade ocidental.

O que queremos aqui ressaltar é que um estado moderno não deveria dar nenhum tipo de privilégio (nem penalizações) a algum credo religioso, doutrina filosófica ou a nenhuma associação de nenhum tipo.

8
Por Que Consentir com a Apologia ao Crime?

"Não se pode separar a paz da liberdade porque ninguém pode estar em paz sem ter a liberdade."
– Malcom X

É importante aqui distinguir a apologia ao crime do crime em si. Pronunciar a frase "os crentes deveriam ser caçados" não é por si só um crime, mas é diferente de pronunciar "Cacem os crentes" que é. Pode parecer uma sutil diferença nas palavras, mas o significado das frases é completamente diferente. No segundo caso aquele que a pronunciou se torna o mandante de um crime (neste caso a violência contra os crentes) como um chefe da máfia que ordena a execução de um rival. Embora ele não tenha cometido o crime em pessoa ele deve ser responsabilizado igualmente (ou mais) que aquele que cometeu a agressão.

A apologia ao crime é uma das mais sutis limitações à liberdade de expressão, pois depende da reação das massas (ontem era o fascismo, depois o racismo, hoje a pedofilia e amanhã pode ser qualquer outra coisa). A segurança jurídica é assim violada em nome das exigências da maioria (ou a presumível maioria) e isto é um perigo enorme.

Capítulo 9

Ética e Temas Que Dividem os Libertários

1
Os Libertários Pensam Todos do Mesmo Modo?

Existem temas que dividem os libertários entre si.

Estas diferenças aparecem não por que alguns divirjam sobre como aplicar o direito de propriedade, mas sim porque às vezes nos deparamos com situações nas quais é difícil compreender se este pode ser aplicado. Outras vezes também existem situações em que não é claro se podemos falar de "propriedade".

Isto significa que, no contexto de direito de propriedade, do livre mercado e do libertarianismo em geral, é possível identificar várias correntes de pensamentos às vezes insignificantes às vezes mais representativas. Como sempre acontece nestes casos não é possível definir um limite entre as ideias de um libertário e de outro libertário, muitas vezes se tratam de diferenças mínimas. Faz parte das características de um libertário a capacidade de ter uma posição tolerante, de discutir e compreender a posição do interlocutor reconhecendo a base comum do direito de propriedade.

2
Não Seria Mais Justo Redistribuir as Propriedades?

Alguns "libertários", uma minoria, acreditam que deva existir um "princípio de redistribuição das propriedades" que reequilibre a situação para as gerações seguintes. Estes acreditam que as vantagens acumuladas durante uma vida (como por exemplo, aquisições de bens imóveis) não devam favorecer as gerações sucessivas, e que deva existir uma maneira de "repartir tudo igualmente". Eles, mesmo aceitando na íntegra os princípios do libertarianismo como a livre concorrência entre mercadorias e serviços, a propriedade como um direito, creem que a liberdade deve coexistir com um igual acesso inicial à propriedade mesmo não se arriscando a propor um critério objetivo e coerente de redistribuição, que não viole os direitos de propriedade.

Estas teorias são refutadas pela maior parte dos pensadores libertários não apenas por razões teóricas e éticas como também práticas. Como já vimos vantagens e recursos oferecidos pela propriedade são conceitos subjetivos, que não possuem um valor objetivo, até que as propriedades sejam trocadas no livre mercado. Cabe às pessoas tirarem proveito de suas propriedades, sejam eles quais forem. O fato de ter pais ricos não é por si só uma garantia de sucesso.

Finalmente, mesmo que se demonstrasse que de modo absoluto uma diferença inicial de propriedade necessariamente faz a diferença, seria impossível estabelecer um critério objetivo de redistribuição. Isto porque não apenas no tempo e no espaço, mas também de pessoa para pessoa o valor das propriedades se altera constantemente.

Além é claro de tal redistribuição contrariar o principio básico da propriedade privada, quem é o seu dono poder fazer com ela aquilo que bem entender, inclusive deixá-la para seus herdeiros.

3
Embriões, Crianças e Adultos Tempo os Mesmos Direitos?

Muitas vezes os libertários debatem sobre temas como o aborto ou as pesquisas científicas com embriões. O coração do problema está no fato de que se igualarmos indivíduos adultos aos embriões, estes devem necessariamente ter os mesmos direitos dos primeiros, incluindo o direito a não sofrer agressões. O aborto deveria então ser considerado crime de homicídio. Este problema é bastante debatido pelos libertários, talvez também por que entre os libertários existem muitos católicos. É evidente que o debate não pode ter um fim, pois tudo depende do significado que se dá a palavra "embrião".

O que vos escreve, conforme já puderam ler em seções anteriores, tende a distinguir os termos *ser humano* ou *homem* dos termos *indivíduo* e *pessoa*. Se o ser humano pode ser definido como um mamífero da espécie homos-sapiens, com 23 pares de cromossomos, que anda ereto etc.. A pessoa, o indivíduo, na concepção do que escreve, é algo diferente.

A filosofia política deve se ater a questionar a relação entre as pessoas, não a genérica relação entre seres humanos. São apenas as pessoas, os indivíduos, que são detentores dos direitos políticos. O homem é diferente dos outros animais não pela posição ereta ou pela capacidade de falar. Os antigos entenderam melhor o que identifica o homem e o eleva acima dos outros seres vivos. O livre arbítrio. Em cada cultura está presente esta distinção. Na Bíblia (gênesis) se fala da "capacidade de distinguir entre o bem e o mal", na Grécia antiga da caixa de Pandora e em numerosas outras culturas estão presentes mitos nos quais o homem, conscientemente, sai do estado de natureza e inicia um caminho independente.

Por este motivo, o que vos escreve, não quer dar mais importância aos embriões do que aquela que possuem. São certamente seres humanos, mas não pessoas. Considerar um embrião uma pessoa em todos os aspectos não significa dar valor ao embrião. Ao contrário, significa diminuir o Homem (com maiúscula) atribuindo um valor superior à nossa espécie apenas com base em características fisiológicas negligenciando aquilo que na realidade faz o Homem grandioso. O livre pensamento.

A individualidade começa a se formar (na opinião do escritor) no nascimento das duas primeiras células cerebrais (ou seja, no momento da primeira troca de informações no nosso cérebro, em torno da quarta ou quinta semana de gestação) e prossegue até a nossa morte. Neste longo processo existem fases mais importantes que outras, mas realço, é um processo gradual. Certamente existem alguns momentos cruciais. Quando nascemos, conquistamos o espaço na terra que ocupamos fisicamente. Quando começamos a ouvir e a enxergar, o mundo que nos circunda. Quando tomamos consciência da nossa identidade. Quando nos comunicamos com os outros. Quando compreendemos nossa liberdade e consequente responsabilidade. Há um momento em que estamos prontos para sermos completamente responsáveis pelas nossas ações para com a sociedade ao nosso redor. Com a famosa maioridade (que não significa necessariamente os 18 anos) conquistamos os plenos direitos políticos. Tornamo-nos objeto e sujeito diretos de direitos políticos e assim, de acordo com aquilo que já definimos aqui, temos o pleno direito de propriedade e à liberdade de nossas ações.

Pelo dito aqui compreendemos por que os embriões têm menos direitos que as crianças e porque estas têm menos direitos que os adultos. Pelo menos metade dos libertários não concorda com estas conclusões, mas acreditamos termos explicado bem aqui o ponto dos libertários que dividem esta posição.

4

A Escravidão Voluntária é Permitida?

Rothbard, ao analisar os limites da liberdade individual, levanta a questão se pode ou não ser consentido se tornar escravo voluntariamente, ou seja, "ser livre para não ser livre". Ele conclui que no caso da escravidão voluntária faltaria a vontade de ter fé no contrato. Aqui nos encontraríamos numa situação de falta de livre arbítrio e então a resposta que Rothbard dá é que a escravidão voluntária não é um contrato a se respeitar num mundo libertário.

Quem vos escreve não está convencido. Uma situação de escravidão voluntária não é outra coisa senão um contrato de trabalho muito oneroso. A duração do contrato não é, por exemplo, de um ano, mas de cem. Os dias de trabalho por semana não são cinco, mas sete. As horas não são oito, mas vinte e quatro. Outras condições adicionais (falta de comida, condições precárias de habitação etc.) são simplesmente cláusulas do nosso contrato, certamente muito vexatório, mas ainda um contrato. (lembramos que estamos aqui analisando o caso hipotético de uma escravidão VOLUNTÁRIA).

Até nas piores situações gozamos de alguma liberdade. Seremos livres para assobiar, murmurar entre nós, coçar a cabeça etc.. Mas o que aconteceria se até estas liberdades nos fossem tiradas? Restaria-nos sempre a liberdade de pensar com o nosso cérebro, raciocinar e fantasiar. E o que ocorreria caso o contrato de escravidão voluntária previsse uma lobotomia que comprometesse o nosso cérebro, dando controle ao nosso patrão, nos transformando em verdadeiros fantoches? Bom, neste ponto não seriamos mais livres. Mas, ao mesmo tempo não seriamos mais indivíduos, não seriamos mais pessoas. Seriamos certamente seres humanos, mas não pessoas.

Na opinião de quem vos escreve então, um ser humano pode se tornar um escravo voluntariamente, mas um indivíduo não. Cada indivíduo é livre, ao menos para pensar caso contrário não seria um indivíduo.

5
Pode-Se Abrir Mão da Própria Vida?

"Será a vida tão cara, ou a paz tão doce, que devam ser preservadas a preço de cadeias e escravidão? Não permita isso, Deus todo poderoso! Não sei qual curso os demais tomarão; mas para mim, me dê a liberdade ou me dê a morte!"
– Patrick Henry

Também esta questão divide os libertários, de modo particular os religiosos dos outros. Somos "livres para morrer"? Se morrermos perdendo a nossa vida perdemos também a nossa individualidade e então a nossa liberdade. Aparentemente os casos de renúncia voluntária à própria vida, como o suicídio e a sua forma assistida, a eutanásia, merecem uma reflexão.

A análise desta questão nos leva a refletir sobre o valor da vida e o valor da liberdade. É evidente que, se na nossa avaliação pessoal, classificarmos a vida como superior à liberdade, refutaremos o suicídio, enquanto se acharmos que a liberdade é superior à vida temos que também aceitá-lo.

Um libertário não religioso deve aceitar que a liberdade é o primeiro direito do homem e que todos os outros direitos são consequências deste. O direito à vida, por exemplo, não é um direito por si próprio, mas é um direito apenas enquanto exista direito de propriedade do próprio corpo e enquanto nenhum o agrida. A vida então é um direito agregado da liberdade (como já vimos quando analisamos a pena de morte).

Já um libertário religioso se encontra em conflito. De um ponto de vista político (o que é legítimo e o que não é) deverá concordar com os outros libertários, enquanto que de um ponto de vista ético deverá sustentar a vida como um valor superior à liberdade. A sua decisão, porém, baseando-a pelo menos em parte do ponto de vista ético, não poderá assumir um caráter universal.

Na opinião do que vos escreve então, um libertário poderá aprovar ou não o suicídio, mas não pode considerá-lo ilegítimo.

6
A Propriedade Intelectual É Propriedade em Todos Os Aspectos?

Até agora temos entendido propriedade como sendo qualquer coisa que ocupe um lugar real no espaço. Seja o nosso próprio corpo seja um bem (móvel ou imóvel) uma das características que atribuímos à propriedade foi a de ser tangível, real. Poderíamos dividi-la ou distribuir títulos de propriedade proporcionais ao todo. Vimos também que situações onde uma mesma propriedade tenha títulos que representem mais que o todo (o caso dos bancos com o ouro e a moeda) devem ser consideradas ilegítimas.

Como nos posicionaremos agora diante da propriedade intelectual? Este tema também divide os libertários e é fonte de muitos debates, ainda mais hoje na época da reprodução digital. Por propriedade intelectual entendemos o fruto da inventividade humana onde o componente tangível tem um valor baixo ou nulo e onde o valor dado pelo mercado ao produto se deve quase na sua totalidade às características originais do mesmo. Falamos então de direitos autorais e patentes. A distinção entre os dois é puramente formal. A patente não passa de um direito autoral concedido a um produto industrial ao invés de um de entretenimento.

O autor está convencido que para um libertário a propriedade intelectual não seja equiparável à propriedade como a temos entendido até agora. Por várias razões.

Primeiramente a propriedade intelectual pode ser copiada infinitamente. É possível então distribuir uma titularidade de 100% a mais de uma pessoa sobre uma obra de engenhosidade. Tomemos como exemplo os direitos das transmissões dos jogos de futebol. Quando havia apenas a televisão aberta ela detinha 100% dos direitos. Com o advento da televisão a cabo e via satélite os mesmos direitos foram instantaneamente multiplicados por três. O mesmo produto agora vale três vezes mais não porque a demanda multiplicou-se, mas porque a oferta o fez!

Em segundo lugar não existe um critério objetivo para poder atribuir os direitos em questão. Pensemos nos jogos acima. Se a Liga de futebol tem os direitos às partidas do campeonato ela também tem os direitos sobre o futebol? Ela paga os direitos aos inventores do futebol? Paga aos herdeiros dos inventores da bola? E assim por diante. Em suma, a detecção destes direitos não é compatível com o direito de propriedade rothbardiano. De fato, a lei tende a estabelecer limites de tempo, espaço e conteúdo. Por exemplo, o "direito" à informação muitas vezes substitui o "direito de propriedade intelectual". A "utilidade pública" viola as patentes etc..

Diretamente relacionada ao argumento anterior, há uma terceira razão que nos leva a não reconhecer a "propriedade" intelectual. Este "direito" deve necessariamente ser atribuído por um terceiro pelas razões acima. Um escritório de patentes, uma associação de autores, um governo deve garantir o título de propriedade através de um depósito ou um registro. O direito de propriedade, se jamais tivesse existido, não seria mantido sem a existência de um terceiro que de modo coercitivo o impusesse a pelo menos uma das duas partes envolvidas.

Imaginemos uma sociedade baseada nas relações contratuais como aquela defendida pelos libertários. Certamente um autor musical poderia me "obrigar", no momento da compra, a reconhecer a sua titularidade e, por exemplo, a não copiar sua canção. E, na verdade isso já acontece hoje quando compramos um CD. Mas imagine um contrato de compra que imponha cláusulas como a proibição de ouvir com amigos (ou seja, pessoas que não assinaram o contrato), de escutá-lo com a janela aberta ou acima de certo volume, de assobiar a canção pelas ruas etc.. Seria ridículo e bem poucos o iriam assinar. Do mesmo modo não podemos impedir um amigo nosso designer de se inspirar nos copos que temos em casa, ou o nosso vizinho de admirar o nosso automóvel. Enfim, senão por outro motivo, pelo ponto de vista prático, numa sociedade libertária a propriedade intelectual dificilmente seria aplicada.

Outra razão é que, na teoria, tudo é patenteável e então é como se nada fosse. Poderíamos patentear um modo de andar, uma maneira de arrumar o vestido, uma maneira de dispor os enfeites da casa, um cumprimento em particular etc.. Enfim, o único limite que existe hoje são os critérios dos responsáveis pelas entidades, coisa que por si só já deveria bastar para um libertário refutar o conceito de "propriedade" intelectual.

CONCLUSÕES

1
COMO CHEGAR A UM MUNDO LIBERTÁRIO?

"Desejando ser livre não posso sê-lo, porque todos os homens que tenho próximos não querem ser livres, e não desejando, me converto em instrumento da minha própria opressão. A verdadeira liberdade humana de qualquer indivíduo implica na emancipação de todos; porque... eu não posso ser, sentir e reconhecer-me completamente livre, se não sou rodeado de homens tão livres quanto eu, e por consequência a escravidão de alguém é a minha escravidão."
– Mikhail Bakunin

É claro que se a ideia libertária é uma seta que indica um destino, qualquer gesto que vá na sua direção é um passo que devemos apreciar positivamente. Existem muitas coisas que podemos fazer já hoje para rumarmos no sentido de uma organização social libertária. Às vezes encontramos algumas ideias libertárias defendidas pelos conservadores, outras pelos socialistas, e ainda outras defendidas por movimentos de cidadãos que não são representados no congresso. Os libertários devem apoiar todos os esforços que sejam realizados na direção de uma maior liberdade dos indivíduos, vindos da parte que for. A seguir veremos brevemente medidas legislativas, algumas já aplicadas em outros países, que um governo poderia tomar atualmente:

SISTEMA DE *VOUCHERS*

Mantendo os impostos inalterados assim mantendo o sistema atual de transferência de renda e de "solidariedade" entre os cidadãos, seria já hoje possível dar para cada cidadão um *voucher*[5] para um serviço so-

[5] N. do T. - Os libertários que defendem o sistema de *vouchers* o defendem apenas em caráter provisório como medida de transição do sistema que temos hoje para um sistema de total separação do estado da educação, dando um tempo para que a oferta destes serviços possa ser criada por privados sem deixar as crianças sem escola. Entre os libertários defensores dos *vouchers*, a sua maioria advoga ainda que ele seja implementado em conjunto à uma total desregulamentação dos setores que ele vá ser aplicado, criando de fato um mercado mais livre nestes setores e consecutivamente deixando os pais com mais e melhores opções de ensino (inclusive defendem que os pais possam optar pelo *homeschooling*). Contra esta provisoriedade temos que o prórpio "pai" dos *vouchers*, Milton Friedman, afirma que "Não existe nada mais permanente que um programa provisório do governo", e realmente podemos observar que programas assistencialistas normalmente não tem a preocupação com a saída deles dos que dele se aproveitam, e acabam criando dependência nos seus usuários, que costumam confundir esta assistência com um direito.

cial (escola, saúde, pensão, desemprego, seguro de automóvel) para gastar livremente. O cidadão teria exatamente os mesmos "direitos" que tem hoje, mas teria a mais a liberdade de gastá-lo quando e onde considerar mais oportuno. O sistema de "*vouchers*" daria responsabilidade ao cidadão na escolha de como gastar o seu dinheiro e alimentaria uma competição saudável entre as empresas para o fornecimento destes serviços. Os cidadãos "menos independentes" nas suas decisões poderiam sempre escolher deixar o seu *voucher* com o estado ou obter conselhos de partidos políticos ou associações de consumidores.

Muitos libertários se opõem à esta medida pois acreditam que ela seria na verdade um retrocesso no rumo à mais liberdade, alegam que daria ainda mais poder ao estado, pois seria o estado quem decidiria o que é uma escola e quais estariam aptas a receber os *vouchers*, e mesmo que no Brasil hoje o estado já tenha o poder de decidir o que é uma escola, o que deve ser ensinado e quantas horas diárias os alunos devem estudar, sempre podemos imaginar maneiras do estado avançar sobre esta liberdade (definindo uma religião oficial ou proibindo o ensino religioso, definindo o uso ou não de uniformes, patrulhando o ensino para que os professores "preguem" uma cartilha que agrade a este ou aquele grupo). Os mesmos argumentos utilizados nesta nota servem também para os *vouchers* na saúde, seguro desemprego, pensão, seguro automóvel etc.

Liberdades Individuais

É possível garantir mais liberdade aos indivíduos sem despesas para o estado (na verdade na maioria dos casos com redução das despesas) concedendo mais liberdade na esfera individual. Pensando em leis como a lei contra as drogas, contra a posse de armas em lugares privados, contra o fumo em propriedades privadas etc.. A simples revogação destas leis poderia do dia para a noite atender as demandas por liberdade de muitos cidadãos.

Federalismo

A transformação do estado nação em estados federativos onde a autoridade esteja o mais próximo possível do cidadão com certeza é uma medida que vai à direção apontada pela seta libertária. Um controle dos custos e da política por parte do cidadão o aproximaria da gestão do "seu dinheiro". Não teria a gestão ele mesmo do seu dinheiro, mas seria um passo adiante nesta direção do justo[6].

[6] N. do T. - Adiciono a esta medida, a defesa irrestrita que os libertários devem fazer do direito de secessão, seja ele estadual, municipal ou individual, nenhum indivíduo ou grupo deveria ser forçado a participar de uma organização política contra a sua vontade. E como diz o texto, a gestão de cada

Privatizações e Liberalizações

A transferência às empresas privadas de ramos do estado é certamente desejável. Devemos estar atentos, porém para não passarmos de monopólios públicos para monopólios privados. Não devemos então simplesmente vender um ramo de atuação a uma empresa privada; simultaneamente devemos garantir que aquele que adquirir a empresa publica não tenha mais direitos que os outros concorrentes que possam vir a se interessar em ingressar neste novo mercado.

Redução dos Impostos

Qualquer medida que proponha uma redução dos impostos é bem vinda. Existe uma ampla margem para a redução dos impostos sem a necessidade de reduzirmos os serviços e isto porque o estado é bastante ineficiente. Obviamente que os libertários são ainda favoráveis a reduções que impliquem uma redução das atribuições do estado e um consequente atendimento desta demanda pelo setor privado. Um estado que faça poucas coisas e as faça bem é certamente mais desejável do que este que temos hoje.

Estado "Árbitro"

Alguns libertários, e minarquistas, defendem um estado mínimo que se limite a gerir a defesa contra agressores externos e a fazer valer os contratos entre privados. Um estado que seja somente árbitro e não jogador dentro de um sistema social onde todos os serviços sejam oferecidos pelo mercado.

2
O Futuro?

> "A desobediência civil perfeita é uma rebelião sem violência. Um adversário civil perfeito simplesmente ignora a autoridade do estado. Se torna um fora da lei quem diga desprezar qualquer lei de um estado imoral. Assim, por exemplo, pode se recusar a pagar os impostos, podem se recusar a reconhecer a autoridade na sua vida quotidiana."
> – Gandhi

O libertarianismo é uma filosofia política esplêndida.

---

um dos seus próprios recursos é o que há de mais justo.

É certamente a menos utópica das filosofias políticas já que parte de pressupostos reais: os homens são diferentes e possuem diferentes capacidades e desejos, não são perfeitos e existem homens maus e homens gentis. Ao mesmo tempo, porém, o libertarianismo fornece uma resposta objetiva e universal ao limite da ação humana definindo-a no respeito ao direito de propriedade. Finalmente o libertarianismo compreende todas as outras filosofias políticas: num mundo libertário é concebível uma cidade privada que seja regida seguindo o sistema comunista, ou uma democracia representativa, já o contrário não é possível.

Como qualquer teoria filosófica, também o libertarianismo (também chamado de anarco-capitalismo) deve enfrentar a realidade. Não devemos acreditar que será fácil mudar o mundo de um dia para o outro. Existem hoje, e provavelmente sempre existirão, grupos organizados que conquistam violentamente o poder e o mantém às custas da maioria que deseja viver livre e pacificamente. O que é importante compreender é que estas violentas minorias organizadas sempre agiram no limite em que foram permitidas agir. Max Weber dizia que não é importante que um sistema social seja justo o que conta é que os cidadãos o creiam assim.

No Egito antigo o povo não se rebelava contra os faraós porque acreditava que eles fossem o próprio Deus. Na era medieval os camponeses tinham os senhores como descendentes dos patrícios romanos, nobres iluminados, com plenos direitos de governá-los. Hoje a maioria das pessoas está convicta que a democracia seja o único sistema possível, exatamente como mil anos atrás a maioria acreditava que o rei tivesse o direito de vida ou de morte sobre seus súditos. Se há mil anos um camponês tivesse lido um livro sobre a democracia o teria rotulado como utópico, mas com o tempo a maioria foi criando consciência de alguns dos seus direitos.

Do mesmo modo, hoje, refletindo sobre a temática libertária, alguns são levados instintivamente a rotularem-na como utópica e a considerar a democracia representativa como a única forma possível de organização da sociedade. Na realidade as mudanças são pequenas, mas contínuas.

É importante que o leitor compreenda que, embora tenhamos feito muitos esforços para demonstrar que um sistema baseado no direito de propriedade atende melhor que os outros sistemas políticos às exigências quotidianas das pessoas, esta não é a questão principal numa discussão de filosofia política. Não acreditamos que seja assim, mas mesmo se o libertarianismo resultasse num mundo "pior" do que este que vivemos hoje, seria preferível. E isto porque seria certamente um mundo mais justo.

O libertário não quer mudar o mundo, não propõe a receita mágica para as soluções dos problemas da Terra. Ele simplesmente reivindica o direito de ser deixado em paz, de viver sua vida livremente, como ele deseja. Isto não é egoísmo é apenas querer-se bem. Pelo contrário, egoísmo é impor as próprias ideias aos outros com a violência, e isto é o que fazem os governantes.

Nós nos encontramos hoje na mesma situação do camponês medieval. Conformados com o mundo no qual vivemos por este parecer no todo um mundo aceitável. Ao invés disso devemos nos esforçar para compreender que se conseguimos passar de um mundo onde "um decidia por todos" para um onde "muitos decidem por todos", não há razão para que não possamos alcançar um mundo onde "cada um decida por si".

Se começarmos a considerar "injusta e violenta" a tirania dos nossos governantes então poderemos gradualmente eliminá-la, mas se a tomarmos como "normal e correta" não teremos nenhuma esperança.

Não deixemos que os poderosos nos coloquem uns contra os outros para justificar a sua existência.

Vamos reconquistar a nossa liberdade![7]

[7] Recomendamos a todos que queiram se aprofundar nos temas discutidos neste livro que acessem o conteúdo do site do Instituto Ludwig von Mises Brasil (www.mises.org.br) e em especial alguns livros que tomo a liberdade de recomendar aqui:
A Lei - Frédéric Bastiat
A Ética da Liberdade - Murray N. Rothbard
Defendendo o Indefensável - Walter Block
Economia numa Única Lição - Henry Hazlit
Liberdade e a Lei - Bruno Leoni
Frédéric Bastiat - Frédéric Bastiat